色・文様・季節の意味がまるっとわかる

大人のきもの／コーディネート図鑑

すなお

KADOKAWA

はじめに

こんにちは、着付け講師のすなおです。

この本をお手に取っていただき本当にありがとうございます。今、もしもあなたが「きものはルールが難しくてくじけそう……！」と頭を抱えておられたら、今すぐ飛んでいって解決したいです。なぜなら、私はきものが大好きで、お役に立てたら嬉しいから。

大学時代に着付けを学び始めてきものの魅力にのめり込んだものの、卒業後は大手インフラ会社に就職。しかし、きものへの憧れと情熱はふくらむばかりでした。周囲の反対を押し切って呉服業界に飛び込んだのが24歳のときです。その後、第一子妊娠中に念願の着付け教室を開校し、YouTubeでは約７００本の動画を公開してきました。２０１９年に開設した「すなおの着物チャンネル」は、35万人超えという予想もしていなかったほど多くのきものファンの方にご登録いただき、みなさんのおかげで初著書『楽しくなる着付け　１００のコツ』に続き、今回2冊目の出版が叶《かな》いました。

「きものはお金がかかる」「ルールが難しい」「着る機会がない」そんな

常識を覆して、もっと気軽にきものを楽しめる世の中にすることが本書の目的です。きものと季節の結びつきは深いので、より具体的にイメージしていただけるように春夏秋冬別に構成しています。

本書の中でご紹介した55のコーディネートはすべて、タンスに眠っていたきものと帯を一から組み合わせてできています。「タンスのきものを循環させる」という信念を込めてみんなで制作しました。

ぜひ、コーディネート一つひとつをお召しになったご自身の姿を、想像しながらご覧ください。そしていつか、きものを着て笑顔弾けるあなたにお会いできますように。

すなお

\\ 四季の移り変わりを感じて //

きものでお出かけ、しませんか？

春

Spring

Situation

香道体験に参加

新しいことを
始めたくなる気持ちを
絞りのきものが
後押しします

詳しいコーディネートは
➡ P.58

夏

Summer

Situation

七夕のお出かけ

夏の附下《つけさげ》は
遊び心をプラスして
おしゃれ度MAXで
装いたい

詳しいコーディネートは
➡ P.72

秋

Autumn

Situation

友だちと美術館へ

季節を感じさせる
紅葉柄の小紋で
芸術の秋を
堪能しましょ！

詳しいコーディネートは
➡ P.122

Situation

きもので小旅行

憧れのきものでの
小旅行に
思い切って、挑戦
してみませんか？

詳しいコーディネート、
小旅行での着回し術は
➡ P.80

冬

Winter

Situation

温泉旅行

和の雰囲気が漂う、
すてきな温泉旅館
きもので出かけたら、
楽しみが広がりそう

詳しいコーディネートは
➡ P.158

Situation

ふらりとバーへ

バーで非日常のひとときを
お気に入りの紬《つむぎ》でゆったりと

詳しいコーディネートは
➡ P.138

CONTENTS

第4章 彩りあふれる 秋のコーディネート

第5章 寒さにも負けない！ 冬のコーディネート

デザイン：内海由 ／ 撮影：市瀬真以、小西尚人
ヘアメイク：氏家恵子、松本智色、森ひとみ
きもの撮影協力（置き撮り）：菊地咲絵 ／ 着付け：玉川貴美子、高尾久美、米林円
アイテム協力：株式会社　衿秀、きものすなおショップ、wake up kimono
イラスト：津谷さとみ
きものすなおチーム：山田可南子、鈴木香代、坂井野々香、早川友子、千葉理恵、加藤増美、安達幸子
校正：山崎春江 ／ 編集協力：櫻田浩子 ／ 編集：大井智水（KADOKAWA）
撮影協力：とうふ屋うかい（P.4、P.7、P.8、P.84）
BAR 鎹（P.9）

この本の使い方

季節とシチュエーション別のコーディネートをお手本に
無限のアイデアをお届けします！

5
2
1
3
4
TIPS 4
京都の都をどりには
古典文様がよく映えます

1 インデックス

コーディネートに使用している、きものと帯の種類です。

2 コーディネートの想定シチュエーション

コーディネートは、お出かけのシチュエーションをイメージして組み合わせました。マーカーで示しているのが、その想定シチュエーションです。

3 コーディネートの概要

該当するコーディネートのポイントやシチュエーションに合わせるコツなどを簡単に説明しています。

4 フォーマル度

コーディネートのフォーマル度を1～5の数字で示しています。

1 Tシャツにジーンズ感覚
2 Tシャツにチノパン感覚
3 ワンピース感覚
4 きちんとスーツ感覚
5 フォーマルドレス感覚

5 コーディネートのポイントや文様について

コーディネートのポイントや、小物の合わせ方、ほかの帯やきものを合わせた写真、文様の説明などをはじめ、コーディネートに関わるあらゆるアイデアを紹介しています。

第 1 章

種類と格、
生地を知る

きもの
の
いろは

きものに興味をもってくださった方に
まずお伝えしたいのが「種類」です

「きものって全部同じじゃないの？」「袋帯と名古屋帯って何が違うの？」

そんな疑問がすっきりすれば、コーディネートもおもしろいほどスイスイ決まります！

最初のうちは複雑に感じるかもしれませんが、大丈夫。きものを見ているうちにいつの間にか覚えてしまっていたというのは、よくある話なのです。

きもの姿はきものと帯とを組み合わせてはじめて完成するもの。つまり、きものと帯の「種類」を知ることが、コーディネートの最初の一歩となるのです。きものと帯の格を合わせれば、たとえばフォーマルシーンでは敬意を表すことができ、カジュアルシーンでは雰囲気たっぷりの着こなしになります。

この章は難しく考えず、興味が湧いたところからご覧いただければ幸いです。例外も多いため、どうかがんじがらめにならず、あくまで目安として考えてくださいね。

さあ、楽しみながらきものの扉を開きましょう！

＼ これだけは知っておきたい基本のキ ／

きものの種類と格

きものは大きく10種類ほどに分けられます。
下の表で格（フォーマル度）をチェック、詳しくは各ページで！

きものの格

高 ↑ 格（フォーマル度） ↓ 低

- 振袖 ➡ P.17（未婚）
- 留袖（既婚）
  - 黒留袖 ➡ P.18
  - 色留袖 ➡ P.19
- 喪服 ➡ P.23
- 訪問着 ➡ P.20
- 色無地・江戸小紋（紋付き） ➡ P.22
- 附下 ➡ P.21
- 色無地・江戸小紋（紋なし） ➡ P.23
- 小紋 ➡ P.24
- 浴衣 ➡ P.25

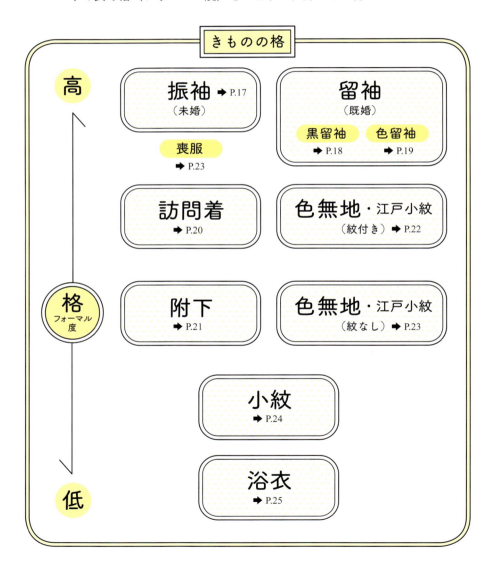

振袖

（未婚女性の第一礼装）

振袖は袖の長さで3種類に分けられます。袖丈104～120㎝で床すれすれなら「大振袖」として婚礼衣装に。約100㎝でふくらはぎまでなら「中振袖」として成人式に。60～85㎝の「小振袖」は、主に袴《はかま》に合わせます。

紋

紋なしでも礼装になるのが振袖です。五つ紋、三つ紋、一つ紋の振袖もあります。

模様

肩や裾の縫い目にまたがって柄付けされる絵羽《えば》模様が主流。桜や蝶、橘《たちばな》などの縁起のいい吉祥文様が友禅や刺繍などで表現されます。

合わせる帯

金銀が豪華で大きくかわいらしい柄、赤やピンクなどの鮮やかな袋帯を合わせ、変わり結びで立体的に仕上げます。

合わせる小物

刺繍の入った半衿《はんえり》、重ね衿で華やかに。帯揚げ、帯締めも振袖用のものを用います。草履の素材は何でもかまいませんが、フォーマル用の高さのあるものを選びます。

見分け方

- 袖が長い

※柄や素材、紋の有無は関係なく、袖の長さで見分けられます。

黒留袖

（既婚女性の第一礼装）

黒地に裾だけ豪華な柄があるきもののこと。現代では主に、結婚式で新郎新婦の母親が着用します。きものを2枚重ねたように見せるための白い「比翼」が衿元や裾に付いていて、上半身には5つの紋があります。

紋

染め抜きの五つ紋。背、両後ろ袖、両胸に配置され、それぞれ先祖、兄弟親戚、両親を表します。

模様

黒地で上半身には柄はなく、裾のみ柄があります。このような柄付けを「江戸褄《えどづま》模様」と呼びます。例外として、上半身にも柄がある「島原褄《しまはらつま》模様」の留袖もあります。

見分け方

- 紋が5つ
- 黒地に裾模様
- 比翼仕立て

合わせる帯

金や銀の豪華な袋帯を合わせ、慶《よろこ》びが重なることを願って、二重太鼓に結びます。

合わせる小物

半衿は白、帯締めは平組みの金か銀、帯揚げも基本は白を用います。帯には末広（金銀の扇子）を挿し、草履はフォーマル用の高さのあるものを合わせ、足袋は5枚こはぜのものを。

色留袖

（第一礼装・準礼装）

黒以外の地色で裾にだけ柄があるきもののこと。比翼の付いた五つ紋の色留袖は黒留袖と同じ第一礼装です。五つ紋の色留袖を着ると、結婚式のゲストとしては格が高すぎて失礼にあたる場合もあるため、注意が必要です。

紋

無紋で比翼も付いていなければ、訪問着として扱われます。

模様

柄付けは黒留袖と同様ですが、地色は黒以外になります。

合わせる帯

金や銀の豪華な袋帯を合わせ、慶びが重なることを願って二重太鼓に結びます。変わり結びで若々しく装うことも。

合わせる小物

半衿は白、帯揚げ、帯締めも基本は白を用います。帯には末広を挿し、草履はフォーマル用の高さのあるものを合わせ、足袋は５枚こはぜのものを用います。

見分け方

- 紋が一つ以上
- 裾のみに柄

訪問着

（準礼装）

訪問着は、呉服屋さんではある程度きものの形になった状態（仮《かり》絵《え》羽《ば》）で売られています。一度仕立てて柄をつなげるため、手間暇がかかります。大正時代に、目上の方を訪問するときなどのきものとして定着しました。

紋

現代では紋のないものが一般的ですが、紋付きのものもあります。

模様

附下と似ているのですが、左衿から袖と、裾の縫い目に途切れずに柄が入っているのが訪問着です。

合わせる帯

袋帯を合わせます。基本的に、名古屋帯は合わせませんが、綴れの帯は例外で、名古屋帯であっても金銀が豪華なものは礼装用になります。

合わせる小物

フォーマルシーンで着る場合は、白や刺繍の半衿、中抜きの絞りか綸《りん》子《ず》の帯揚げ、平組みの帯締め、底の高いフォーマルな草履を合わせます。重ね衿を使ってもOKです。

見分け方

- 左の衿、肩、袖にかけて柄がつながっている
- 裾に大きな柄がある

附下

（略礼装）

左肩、左袖、裾に控えめな柄があります。呉服屋さんでは反物の状態で売られており、柄を合わせながら仕立てる必要があります。吉祥文様なら式典に使いやすく、帯でカジュアルダウンもできるので、とても便利なきものです。

紋

無紋が一般的ですが、紋付きのものもあります。紋が入っている場合は訪問着のように扱います。

模様

模様の上下はすべて正しい向きになりますが、縫い目の部分はつながっていません。

合わせる帯

“入卒式”や結婚式などのフォーマルシーンには袋帯を。しゃれ袋帯や名古屋帯なら、ちょっとしたお出かけに。

合わせる小物

フォーマルシーンなら、訪問着と同等の小物を合わせましょう。お出かけ着にするなら小物合わせは自由です。三《さん》分《ぶ》紐《ひも》（詳しくはP.119へ）や帯留めでカジュアルダウンして楽しんで。

見分け方

- 柄がすべて上下正しい向き
- 縫い目をまたいで柄がつながっていない

※写真は
紋付きの
色無地

色無地・江戸小紋

紋付き

（準礼装）

単色染めのきもの。紋の有無で格が変わります。定《じょう》紋《もん》以外に、誰でも使える「通紋《つうもん》」や女系で引き継ぐ「女紋《おんなもん》」も。紫やグレーの落ち着いた色なら、色喪服として弔事にも着用できます。江戸小紋は柄が細かいほど格上です。

紋

紋の数に加えて、紋の種類で格が細分化されます。白く抜いた染め抜き日向紋が最も格上で、縫紋はややカジュアルな印象に。

模様（色無地）

地紋があるものとないものがあり、吉祥文様の地紋は弔事には不向きなので注意。

合わせる帯

フォーマルシーンには金銀の袋帯を。しゃれ袋帯ならおしゃれなスーツ感覚になります。色喪服として着用する場合は共帯を合わせましょう。

合わせる小物

基本的には訪問着と同じです。弔事には喪服用の小物のほか、落ち着いた色のアイテムを選び、吉祥文様の帯揚げなどは避けて。

見分け方

- 紋が入っている
- 1色で染められている
- 遠目で無地に見えるほど細かい模様が入っている（江戸小紋）

※写真は
紋なしの
江戸小紋

色無地・江戸小紋

紋なし

（略礼装）

紋

紋がない色無地や江戸小紋は附下同様に、帯次第で格が変わります。

模様（江戸小紋）

江戸小紋は、遠目に見ると無地に見えるほどの細かい柄を型染めで表現したもの。柄が細かいほど格が高くなります。

合わせる帯・小物

基本は附下と同じです。

見分け方

- 1色で染められている
- 遠目で無地に見えるほど細かい模様が入っている（江戸小紋）

喪服

（第一礼装）

正しくは「黒紋付き」と呼びます。全体が黒1色で柄がなく、染め抜きの五つ紋。現代では喪服として着用することがほとんどで、黒共帯に黒の帯揚げ、帯締め、草履、バッグを合わせます。襦袢《じゅばん》と足袋は白。悲しみごとの式では、フォーマルシーンであっても名古屋帯を締めるのが一般的。袋帯で二重太鼓にすると「重《かさ》なる」という意味になり、縁起がよくないため、こうした風習となりました。

小紋

（よそゆき～普段着）

小紋の中でも、柄が飛び飛びに配置されているものは「飛び小紋」と呼びます。無地感が強いものほど格が高く、しゃれ袋帯（P.32）を合わせることも可能になりますが、あくまで小紋なので、結婚式などの式典には不向きです。

紋

あくまでカジュアル着なので基本は無紋ですが、しゃれ紋が付いているものも稀にあります。

模様

全体に上下ランダムに柄があります。訪問着のように縫い目が意識されることはほとんどありません。

合わせる帯

基本的には名古屋帯を合わせます。普段着にするなら半幅帯を合わせても。半幅帯を合わせるとカジュアル感が、しゃれ袋帯を合わせるときちんと感が増します。

合わせる小物

何を合わせても基本自由ですが、留袖や訪問着に使うような小物を合わせると、格がちぐはぐになるので注意。

見分け方

- 全体に上下ランダムの柄がある

浴衣

（普段着）

長襦袢を着ない和服を浴衣と呼びます。素材は綿や麻など、家で洗濯可能なものが主流。きものの衿は広衿（半分幅に折ってから着る形状）もありますが、浴衣はほとんどが最初から半分に縫われている「バチ衿」です。

紋

紋がないものがほとんどですが、ごく稀にしゃれ紋付きもあります。

模様

大柄で夏の定番モチーフ、白と紺の配色が王道。そうでないものはきものとしても幅広くコーディネート可能です。

合わせる帯

半幅帯、兵《へ》児《こ》帯《おび》だけでなく、浴衣の状態で夏用の名古屋帯を締めるのもすてきです。

合わせる小物

カジュアル着なので自由です。襦袢を着てきものとして着たり、レース足袋を履いたり、存分に楽しんで。

見分け方

- 裏地が付いていない
- さらっとした生地
- バチ衿

生地できものの格も変わります

きものの生地

生地は慣れた人でも見分けづらいもの。
まずは手持ちのきものを触ってみることから始めて。

きものには、さまざまな「生地（素材）」があります。生地によって、雰囲気だけでなくTPOまで変わるのは、洋服も同じこと。もしもデニム素材のドレスがあったら、どこかカジュアルさを感じますよね。

きものを例にあげると、柄の付け方が訪問着（フォーマル）であっても、素材が紬だとその時点でカジュアルになります。裏地を付けない単衣《ひとえ》仕立てであっても、素材がウール（羊毛）であれば冬物になります。

ぜひご自身のタンスを開けて実際に見分けてみてください。生地の種類を断定するのは難しいかもしれませんが、活用のきっかけになるはずです。

絹（染めもの）

絹の染めものは蚕の繭から糸を取って織り上げた白生地を染料などで染めたもの。きものの世界では絹のことを正《しょう》絹《けん》と呼びます。綸子《りんず》や縮緬《ちりめん》、羽二重など、正絹の柔らかな手触りとツヤ、そして保温効果は極上です。自宅で洗うと縮んだり、せっかくの風合いが変わってしまったりするので、専門の悉皆屋《しっかいや》さんにメンテナンスを頼むのが安心です。

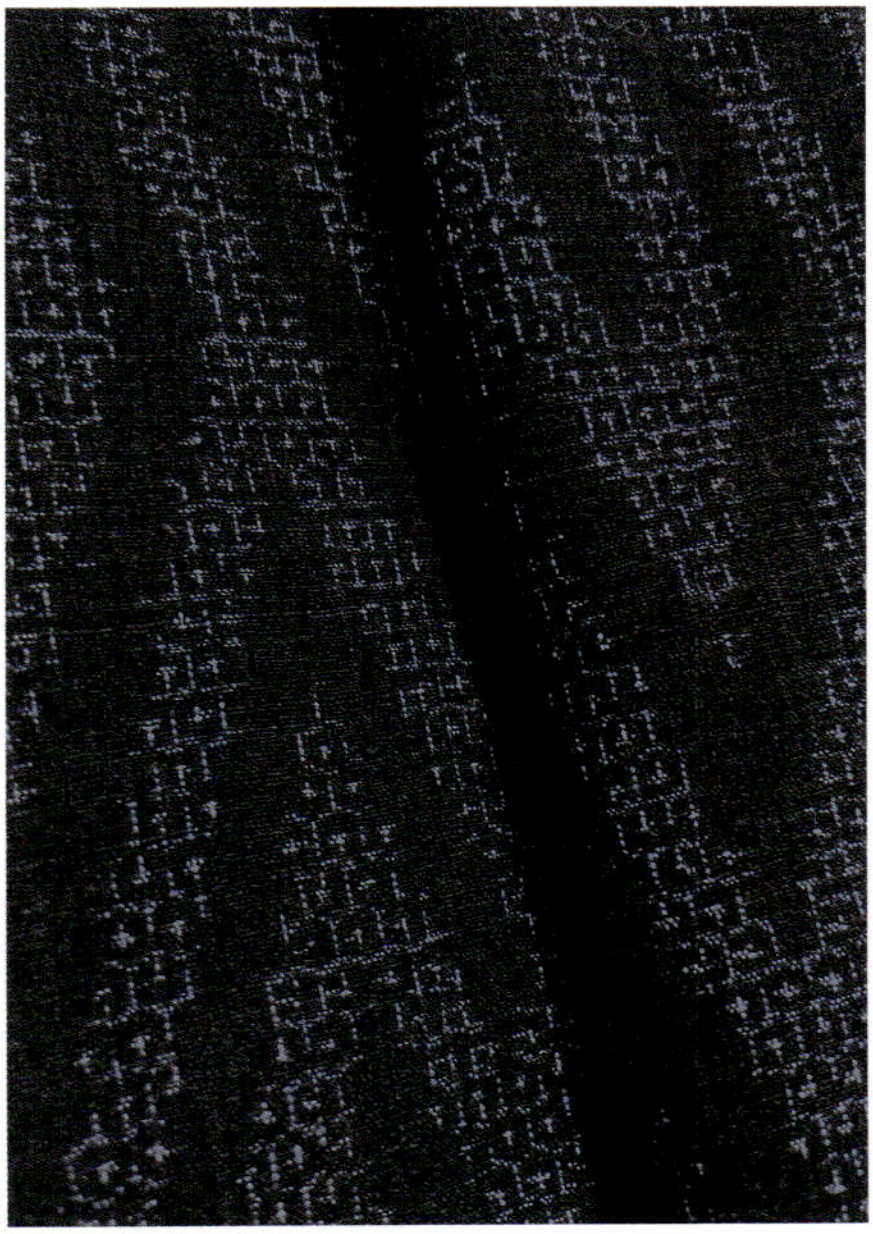

紬

紬は絹の「織りもの」です。きものでは織りものは格が低く、礼装には用いられません。絹でありながら光沢が控えめで、独特の風合いと趣があって高価なものも多いのですが、あくまで趣味のきものと考えましょう。産地によって地域に根差したさまざまな特色があり、「大島紬」「結城《ゆうき》紬」「牛首《うしくび》紬」などが有名です。

御召

御召は絹の「織りもの」です。シャリ感と厚みがあり、生糸を染めてから織って柄を表現します。独特のシボが特徴で、縮緬の一種なので正式名称は「御召縮緬」。11代将軍の徳川家斉《いえなり》が好んで「お召しになった」ことからその名が付きました。フォーマルシーンに着用できた時代もありますが、現代ではおしゃれ着の扱いになることがほとんどです。

※前ページのように、白い糸を使って織り上げたあとに染める「染めもの」に対して最初から染まっている糸を織り上げる「織りもの」があります。

木綿

扱いやすさが魅力の木綿。手拭いのような手触りです。浴衣と木綿きものの違いは主に着方によるもの。裏地の付いていない木綿きものを襦袢なしで着れば浴衣になります。すべりづらいので着付けがしやすく、家でも洗えるので初心者でも安心。洗ううちに柔らかく、風合いが増していくのも楽しみです。格は低いので普段着用です。

ウール

ウールは冬の生地。羊毛でできており、手の甲で触れると少しチクチクするのが特徴です。厚手のため、きものに仕立てるときは単衣がほとんどですが、あくまで冬用です。例外として、単衣用のサマーウールは少し透け感があって軽やか。かなりカジュアルな生地で自宅でも洗えるので、普段着や遊び着としてどんどん着て楽しみましょう。

化繊

洗えるきものとして、人気のある化繊のきもの。現在は天然素材のものと見分けがつかないくらい質が向上していて、触ってもわからないほど。冬場は静電気が起きやすく、足元にまとわりつくことが多いといわれていますが、お手入れが簡単で雨や汗にも強いのは魅力です。また、化繊であることはきものの格にはあまり影響しません。

デニムやレース

いろいろな素材できものを楽しむ人が増え、近年はデニムやレースのきものも人気を集めています。生地に特徴があるので無地のものが多いのですが、レースは「小紋」、デニムは「木綿」として、格や着ていく場所を考えてみて。透け感が強いものは夏用、それほど透けていないものは裏地の有無で着用時期を判断します。

季節感を楽しむのも、きものの魅力！

きものと帯の季節

それぞれの季節にぴったりのアイテムを選べば
さらにすてきな着こなしになります。

きものを着るうえで意識したいのが「季節」です。洋服でも、真夏にセーターを着ているのと、レースのブラウスを着ているのとでは、どちらが洗練されているかは一目瞭然。せっかくなら、周りの人も心地よくなるエレガントな着こなしをしたいものです。

また、あわただしい毎日のなかで、ふと季節に思いを馳《は》せる瞬間。それがいかに私たちの心を豊かにしてくれるかは言うまでもありません。日本の四季は美しく、春夏秋冬それぞれにすばらしい自然の風景や季節の行事、習慣があります。

さらに1年を24等分した二十四節気など、季節のうつろいを大切にする文化は今でも健在。季節に合わせた着こなしをすることは、自分・自然・そして周りの方に感謝することにつながると思うのです。

きものには、袷《あわせ》、単衣、薄物があります。袷とは裏地が付いている仕立て方のことで、10月から5月までの寒い時期に着ます。単衣とは裏地を付けない仕立て方のことで、6月と9月の季節の変わり目専用。薄物とは透けている生地、かつ裏地を付けないきもののことで、7月、8月の夏向き。

お茶席や結婚式などの誰かを立てる必要があるところにきものを着ていく場合は、ある程度ルールに則《のっと》ることで失礼のない着こなしができるため、ひとつの目安として便利な指標です。

ただ、このルールに従って着たきものが、暑すぎる日もあります。汗だくのきもの姿は見た目だけでなく健康にもよくありません。カジュアルシーンであれば、当日の気候や地域に合わせて柔軟に衣替えして、快適に過ごしましょう。季節を少し先取りすることが、きものの世界ではおしゃれポイントでもあるのです。

夏

きものの素材感や小物の透け感を大切にして

見た目も涼しく着こなしたいのが夏。キーワードは“透け感”です。きものや帯、それから小物の素材感・透明感を楽しみながら、夏にしかできないコーディネートを味わって。長襦袢を着てから浴衣を着る“きもの風”の着こなしは挑戦しやすく、夏きものデビューに最適です。

春

緑やピンク、白などのやさしい色がおすすめ

心躍る春。芽吹きの季節には、淡くてやさしい色合いのコーディネートがおすすめです。わかりやすい例でいえば、三色団子！　緑、ピンク、白をきものコーデに取り入れれば、一気に春の装いになります。さらに、藤やつくし、蝶なども春の装いに取り入れたい文様です。

冬

雪のモチーフはこの季節だけの楽しみ

雪の結晶、雪をかぶった植物（雪持ち笹、雪持ち椿など）など、日本には、冬にぴったりの意匠がたくさんあります。クリスマスやお正月など、きものが似合う行事も目白押し。ふだんはちょっと抵抗がある、お家に眠っている赤色のアイテムが大活躍してくれる季節でもあります。

秋

深みのある色使いで大人っぽい着こなしを

深みのある色合いが映える秋。大人っぽい着こなしがしっくりはまる季節です。こっくりしたオレンジや、栗色、モスグリーンなどを忍ばせれば、大人の秋を演出できます。鹿やうさぎなどの動物柄は、秋におすすめの縁起のいい吉祥文様。柿や栗なども秋にぴったりのモチーフです。

大きく分けると4種類になります

帯の種類

袋帯と名古屋帯って、何がどう違うの？
帯の見分け方を覚えて、宝探しへ！

きもののルールと聞くと難しく感じてしまうものですが、洋服でたとえると、袋帯を合わせたきもの姿はスーツ、名古屋帯を合わせたきもの姿はワンピース、半幅帯を合わせたきもの姿はジーンズ、そんなイメージになります。

今から、帯の種類ごとに、長さの規定や一般的な結び方などを詳しくご紹介していきますので、一緒に見てみましょう。

形の上では、胴回りがずっと半分幅に縫われているものは名古屋帯と断定できますが、袋帯と同じ長方形の名古屋帯もあって混乱しやすいのも事実。

でも大丈夫。袋帯と名古屋帯の違いはシンプルに「長さ」です。

また「金銀の分量」も格を大きく左右する重要なポイントです。袋帯の中でも金銀のないものは「しゃれ袋帯」と呼び、結婚式などの式典には不向きなのでしっかり見極めたいもの。

金銀が入っている名古屋帯は着用シーンに困って眠りがちのアイテムですが、附下をきれいめに着るときに一番相性がいいのでぜひ活用してみてください。名古屋帯なら袋帯ほど仰々しくならないので、能楽や歌舞伎鑑賞、気心知れた相手とのお食事などにぴったりなのです。

袋帯は振袖、留袖、訪問着など格が高いきものに、名古屋帯は小紋や紬などのカジュアルなきものに、半幅帯は浴衣をはじめ、小紋や紬に合わせます。

きものと帯との組み合わせパターンをいくつか知っているだけで、コーディネートがおもしろいほどスイスイ決まります。

TPOに合った帯選びを覚えて、タンスに眠っていた帯を活用し、まだ見たことがないあなたの魅力を探しに行きましょう！

名古屋帯

長さは約3m60cmで一重太鼓や銀座結びにするのが現代の主流。大正時代に名古屋で考案されたことからその名が付いたといわれています。小紋、紬などに合わせてカジュアルシーンに着用します。

袋帯

表裏を袋状に縫い合わせ、芯を入れて仕立てた帯。最初から筒状に織る本袋帯も。長さは4m以上で二重太鼓や変わり結びにすることが多く、金銀の分量が多いほど格が高くなります。振袖や留袖、訪問着などに。

半幅帯

ほかの帯の約半分である16cm幅の帯のこと。帯揚げや帯締めなしで結べるカジュアルな帯ですが、浴衣だけでなく、普段着のきものに合わせてもOK。通年使えてリバーシブルタイプも多い、楽しい帯です。

しゃれ袋帯

袋帯の中でも、金糸や銀糸が使われていない帯のこと。染めの袋帯も、基本的にはフォーマルシーンには不向きなのでしゃれ袋帯になります。しゃれ袋帯は上質な紬や紬の訪問着、紋が入っていない附下や色無地に。

\\ 文様それぞれに意味があります //

きものと帯の文様

コーディネートに物語を紡ぐ
知らなきゃ損する文様の魅力とは？

きものや帯には、さまざまな技法を用いた多種多様な文様が施されています。自然の草花から始まり、愛らしい動物や幾何学模様、伝統的な図柄など……。その組み合わせを楽しむことこそが、きものの楽しみではないかと思うほど、構成要素が多いことがきもの姿のひとつの特徴です。

　きもの、帯、帯揚げ、帯締めで何を表現するのか？　それはまるで、頭脳ゲームのよう。コーディネートを考え始めると楽しくて、気づいたらもうこんな時間……！　あなたも、そんな経験はありませんか？

文様は、単体の意味と、複数の組み合わせで成り立つ意味とがあります。たとえば、長寿の象徴である「松」ひとつをとっても、「若松」「五葉松《ごようまつ》」「笠松」「根引き松」などいろいろな姿形があります。そして、松・竹・梅が組み合わさると、おめでたい「松竹梅文様」になります。

　ほかにも、紅葉と流水で「竜田川」、月とすすきで「武蔵野」など。コーディネートするうえで知っていると楽しい、そして、気づいてもらえるともっと楽しいのが文様なのです。

　シチュエーションに合わせて文様を選び、文様を意識しながらコーディネートして「物語を紡ぐ」……。そうすれば正真正銘、あなただけの着姿のできあがり！　知れば知るほどおもしろい「文様」の魅力を、一緒に味わいましょう。

寒さに耐える松、まっすぐ伸びる竹、早春、厳寒の中で一番に咲く梅を合わせた「松竹梅」文様。とてもおめでたい吉祥文様です。

第2章

ときめきがいっぱい

春のコーディネート

蝶

蝶は、長寿を表す伝統的な吉祥文様。慶びの席を華やかに彩ります。

雛人形

桃の節句に、ちょこんと座るお内裏さまとお雛さまモチーフはいかが？

鳥

さまざまに文様化された鳥は、桜や藤など、春爛漫《らんまん》モチーフとの相性◎。

TIPS 1

雛祭りは、お雛さまの名古屋帯で女子会へ

3月3日の節句に、雛人形と桃の花を飾る風習は江戸時代に大きく広まったといわれています。絞り風の控えめな小紋も、雛人形の帯でたちまちおしゃれになりました。

小紋（化繊・袷）

名古屋帯

カジュアル				フォーマル
1	2	3	4	5

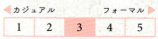

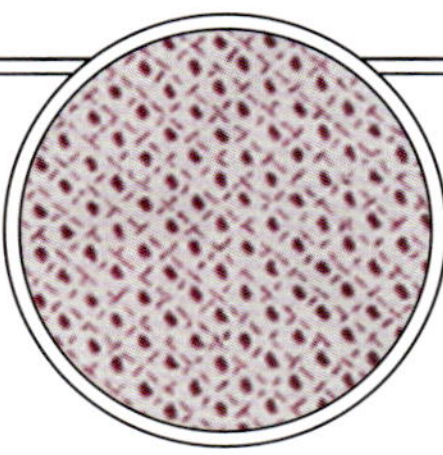

鹿子《かのこ》絞り風の化繊の小紋です。自宅の洗濯機でも洗えるのが化繊の魅力。遠目には無地っぽく見えるので、帯次第でよそゆきやキレイめにも着ることができるスグレモノです。

桃の節句にちなんだ お雛さまの名古屋帯

桃の節句にちなんだ、季節感あふれる名古屋帯。立春（2月3日ごろ）から雛祭りまで、ちょうど1か月間楽しめます。ほんの一瞬ではありますが、時の流れに心を馳せるのも豊かなきもの文化の醍醐味なのです。

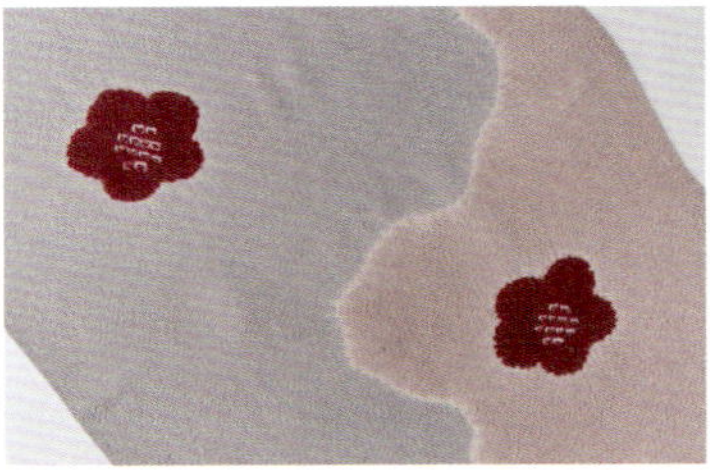

帯揚げには桃の花に見立てた帯と同色の梅がちらり。色をリンクさせると全体がグッとまとまります。

ぼんぼりに見立てた、おだ巻きが動かせる帯締め。1か所に寄せて帯留風に使っても、等間隔にちらしても。

お正月コーデ（P.146）の帯で新春の装いに着回し。金銀の入った名古屋帯はきものを格上げしてくれます。

遊び心あふれる帯も大島紬と合わせれば、旬を楽しむ粋なコーディネートになります。

TIPS 2

結婚式にお呼ばれされたら淡色きもので花を添えて

ピンクやグリーン、クリーム色などの淡色きものは華やかなシーンに喜ばれるハッピーアイテム。辻ヶ花の附下訪問着に銀糸の袋帯を合わせて敬意と祝福を込めた装いで、結婚式の席へ。

附下（正絹・袷）

袋帯

カジュアル				フォーマル
1	2	3	4	5

重ね衿を合わせるときは「襲《かさね》の色目」も意識してみて。淡紅色×萌黄色は「桃の襲」で、春を表します。

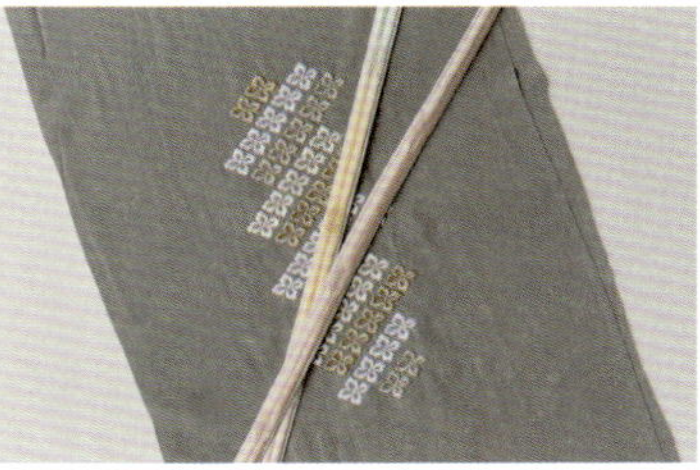

グレーや茶色は、ピンクを大人っぽく変身させてくれる、とっておきの色。上手に混ぜて大人コーデに！

帯揚げと
帯締めを変えて、
“入卒式”に
着回しできます

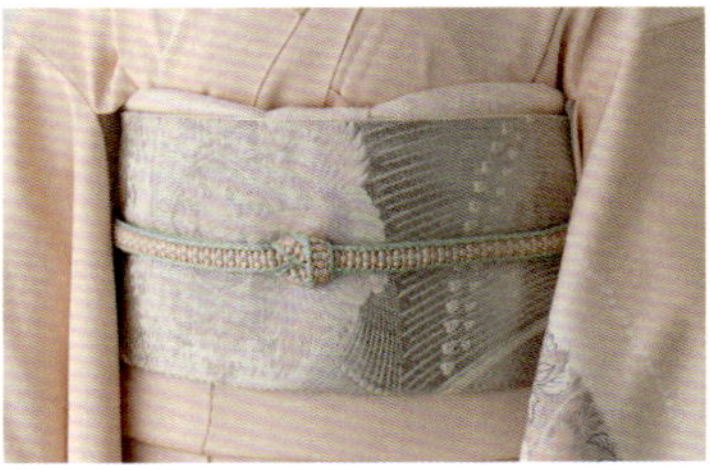

帯揚げと帯締めの色を変えれば、入学式や卒業式など、子どものセレモニーにもぴったりの装いになります。

草履とバッグはお揃いにすることで、フォーマル感をアップできます。草履は踵《かかと》が４cm以上あるものを。

TIPS 3

入学式・卒業式は「淡色」「吉祥文様」が合言葉

お子さまの門出を祝うシーンには、淡い色のアイテムが最適です。心晴れやかに、水色、クリーム色、桃色などを選んでみて。柄はおめでたい吉祥文様がベスト。

附下（正絹・袷）

袋帯

◀カジュアル　　　　フォーマル▶

1	2	3	4	5

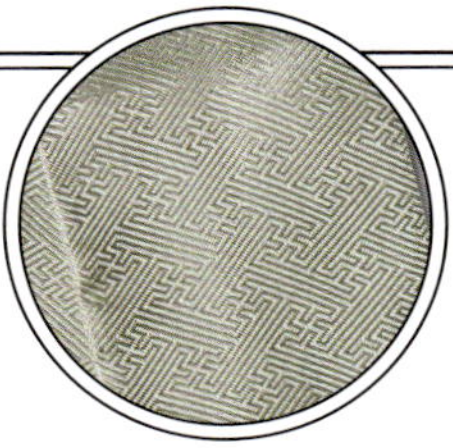

「紗《さ》綾《や》形《がた》」は卍を崩してつなげた文様で、万字繫ぎとも呼びます。桃山時代に中国から伝わった紗綾という絹織りものが名前の由来で、現代も襦袢やきものの地紋によく用いられます。

帯揚げは檜《ひのき》板を斜めに組んだ「檜《ひ》垣《がき》」文様。花嫁衣装の掛下にも使われる古典柄です。梶《かじ》の葉をあしらったり、菊唐草をちらしたり、さまざまなバリエーションもあります。

重ね衿と帯揚げを同じ白緑色でコーディネート。和《わ》三《さん》盆《ぼん》のお干《ひ》菓子のような、淡いやさしい色合いです。

花の種類が断定できないきものもよくあります。それは季節に縛られず着てほしいという作り手の心配り。

寒い日は、道《みち》行《ゆき》か道中着を。室内では脱ぎましょう。羽織は室内でも着用できますが、カジュアル向きです。

改まったシーンは、平組みで幅広、金銀が入った格調高い帯締めがふさわしく、きものや帯も引き立ちます。

TIPS 4

京都の都をどりには古典文様がよく映えます

都をどりとは、4月に京都で行われる、芸舞妓の舞踊公演のことです。古典文様のトータルコーディネートで、雅なひとときを過ごしてみませんか？

小紋（正絹・袷）

名古屋帯

カジュアル ◀ ▶ フォーマル

1	2	3	4	5

「片《かた》輪《わ》車《ぐるま》」と呼ばれる、牛車《ぎっしゃ》の車輪を模した文様の帯です。片輪車は、割れるのを防ぐために水につけておく習慣があり、流水文様と組み合わせられることが多いのも特徴です。

松竹梅に、菊と扇が加わった古典柄。大胆に配置されているので、レトロな雰囲気です。こういった古風なきものには、同じようなクラシックな文様の帯がぴったりです。

きものの菊の色と同色の紅葉狩りコーデ（P.112）の帯で着回し。引き立つ部分で雰囲気がガラッと変わります。

草履は、小物と鼻緒の色を合わせてみて。台が暗めのものはカジュアル感が増し、粋な雰囲気になります。

● 帯揚げ

きものと帯が伝統的な古典文様の場合、帯揚げも雰囲気にこだわりたいもの。今回は、上質な絞り素材でありながら、色味が楽しいものをチョイスしました。帯ときものから抜き取った色使いのアイテムなら、間違いありません。

● 帯締め

三《さん》分《ぶ》紐《ひも》でもすてきなのですが、全体のムードに合わせて凝った組みのものを合わせました。ある程度太さのある帯締めを使うことで、コーディネートに重厚感を出すことができます。

TIPS 5

春のお散歩は動きやすい紬に花柄帯で

紬はどうしても地味になってしまう……。それなら「抜き取りコーデ」がおすすめ。きものの中の1色を拾って帯や小物を選んでみて。一気に垢抜けて今っぽくなります。

◀カジュアル　フォーマル▶

1	2	3	4	5

どんな季節のお散歩も動きやすい紬で！

紬はシワになりにくく、おはしょりなども決まりやすいため、よく動くシーンで大活躍してくれるきものです。下段でも2コーデほど紹介していますが、好みやシーン、季節に合わせて帯を変え、着回しを楽しんで。

おしゃれは足元から。歩きやすさ抜群のカフェ草履「白兎《しろうさぎ》」に、お花の草履ピアス Ⓡ を合わせました。

●帯

甕覗色《かめのぞきいろ》に抽象花を織りで表現した名古屋帯。洗い張りをしてから帯芯を入れ替え、生まれ変わりました。

●帯揚げ

いちご柄の輪出しの帯揚げ。帯の葉の色と調和し、愛らしい形にもひとめぼれ。自分だけが知っているトキメキポイントです。

●帯締め

帯締めをきものと同色にして落ち着かせることで、大人コーデに。単色ではない帯締めの場合、ポイントとなる色や柄がある方がご自身の左手側にくるよう結びます。

カッコいいイメージがお好きな方は、黒地の帯がおすすめ。キリッと引き締めてくれるP.108の帯で博物館へ。

P.46の帯を合わせて秋に着回し。季節を限定しない柄のきものは、着用時期が長くて便利です。

TIPS 6

お花見に誘われたら、三色団子の色を纏《まと》って

小紋（正絹・袷）

名古屋帯

桜色の小紋に同色の帯、
三色団子の色味の帯揚げと帯締めを合わせて
春色のコーデができ上がりました。
やさしい色を着ると、お顔もパッと華やぎます。

◀カジュアル				フォーマル▶
1	2	**3**	4	5

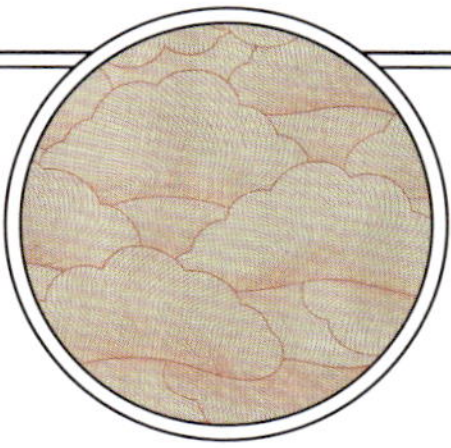

松の文様の一つ「笠松文様」の一種で、まるで雲のようにアレンジされています。長寿の吉祥文様ですが、かわいらしい意匠なのでいろいろなコーディネートが楽しめます。

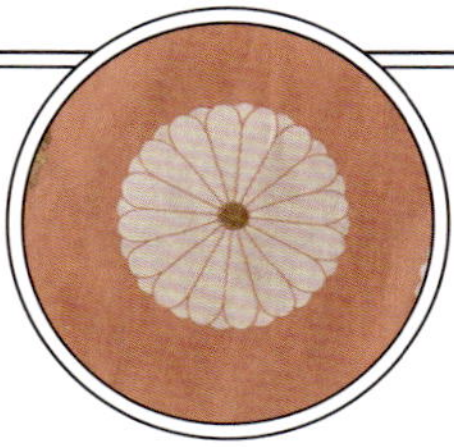

帯の柄は「菊花《きっか》紋章」。菊を使った紋はたくさんありますが、この十六《じゅうろく》八《や》重《え》表菊《おもてぎく》は皇室の紋章で、日本のパスポートの表紙にも使われている馴染みの深い文様です。

七十二候「鴻雁来《こうがんきたる》」にちなんで、渡り鳥の帯（P.56）を合わせて。「あの人を待つ（松）」10月のデートコーデです。

お花見の春うららかな色として、若菜色を帯揚げと帯締めでさりげなくプラスしてみました。

ショールを羽織るときは、羽織紐クリップで留めると便利なうえにおしゃれ。花冷え対策もばっちりです。

「花に遠慮」した美意識あふれるコーデ

お花見コーデですが、きものや帯、小物も含めて桜のモチーフは一切使っていません。なぜかというと日本古来の美意識に「花に遠慮する」というものがあるから。その気持ちを大切に、色合いだけで春を表現しました。

TIPS
7

端午の節句は大空を思わせるブルーコーデで

小紋（正絹・袷）

名古屋帯

5月5日は男の子の成長を願って
鯉のぼりを立てたり、
五月人形を飾ったりする端午の節句。
大空に泳ぐ鯉のぼりを着姿で表現しました。

◀カジュアル　フォーマル▶

1	2	3	4	5

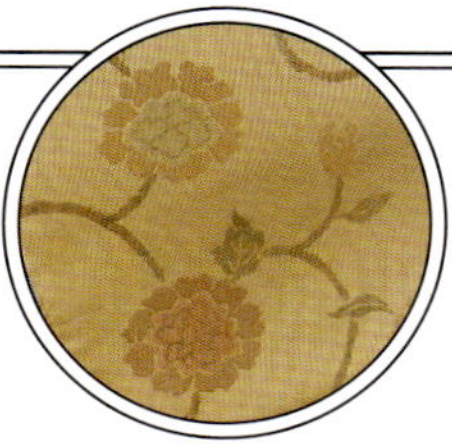

牡丹《ぼたん》の花と唐草文様を組み合わせた「牡丹唐草」。牡丹は古くから愛されてきた春の花ですが、冬に咲くものもあり、抽象化された柄の場合はあまり季節にこだわらなくてもOK。

子どもの成長を祈るアイテムを忍ばせて

まっすぐに伸びる麻の葉は子どもの成長を祈る意味があります。また、鱗《うろこ》と呼ばれる三角形を組み合わせた文様は、魔除けの意味をもちます。こういった文様を、襦袢や半衿にさりげなく取り入れるとすてき！

季節の行事を
楽しんで、
日常に感謝！

レトロなきものや帯を今っぽくしてくれる帯揚げ。ビビッドなカラーにスワロフスキーが付いています。

鯉のぼりや兜《かぶと》がモチーフになっている、心躍る帯留め。端午の節句には絶対、身につけたい！

TIPS 8

ちょっと緊張する両家顔合わせは袋帯でお行儀よく

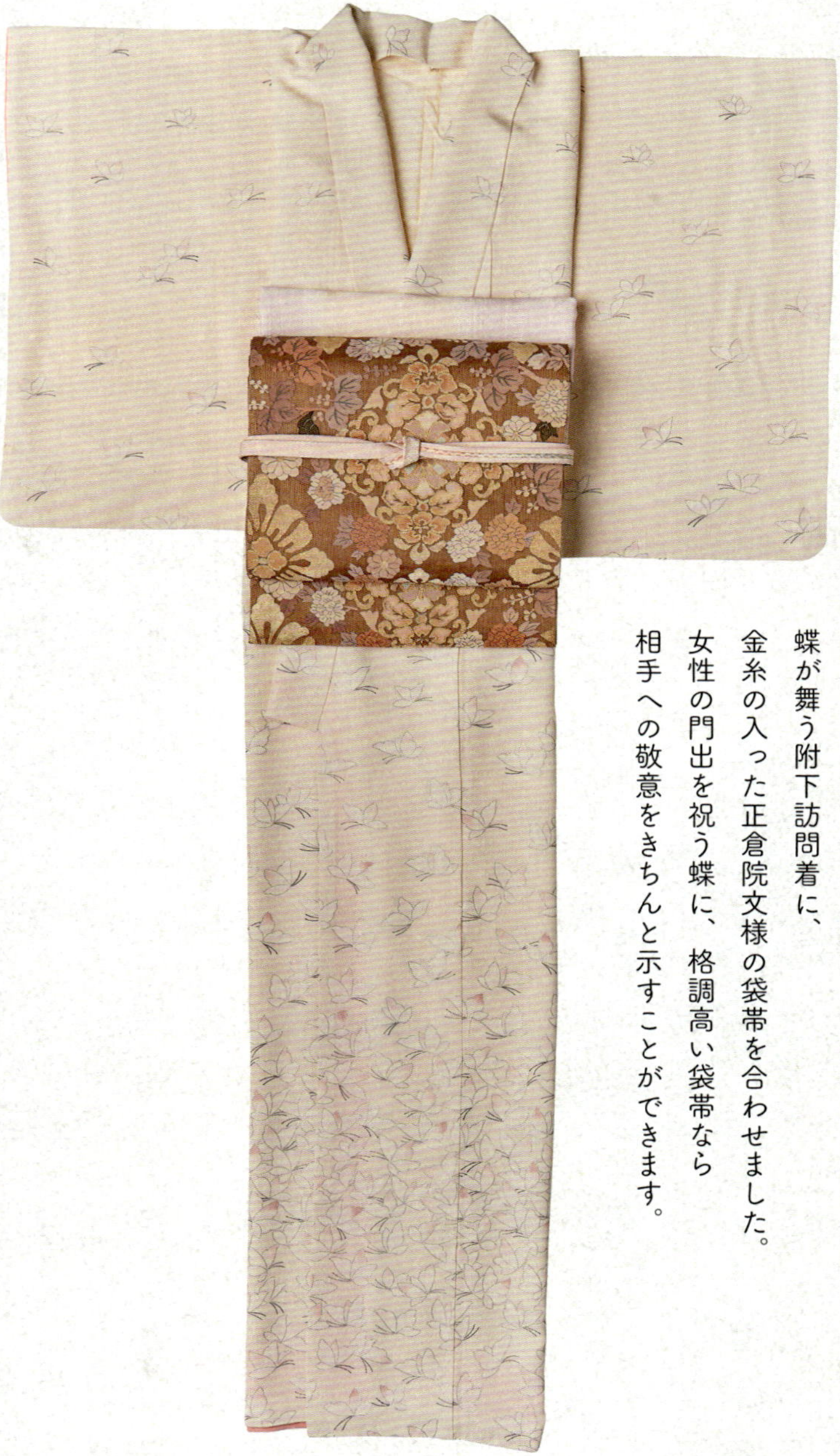

附下（正絹・袷）

袋帯

蝶が舞う附下訪問着に、金糸の入った正倉院文様の袋帯を合わせました。女性の門出を祝う蝶に、格調高い袋帯なら相手への敬意をきちんと示すことができます。

カジュアル ◀ ▶ フォーマル

1	2	3	4	5

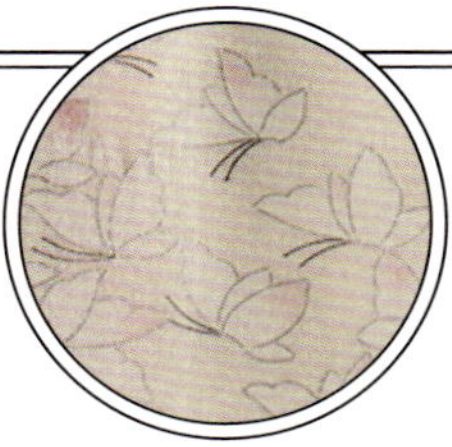

「蝶」は、奈良時代からさまざまに文様化されてきた古典文様の一つです。蛹《さなぎ》から美しく羽ばたくことから、女性の門出や武士にも愛され、武家の家紋としても好まれました。

「正倉院文様」の菱紋《ひしもん》です。正倉院は、聖武《しょうむ》天皇ゆかりの品をはじめとする宝物を収めた倉のことで、その正倉院の宝物を文様化したものを「正倉院文様」と呼びます。

お花見コーデ（P.46）の菊の帯も蝶と相性が◎。菊と蝶の組み合わせは不老長寿を表します。ランチ会などに。

一見小紋に見えますが附下訪問着です！

全体に柄があるので小紋にも見えますが、よく見ると蝶はすべて上下正しい向きです。衿、肩の縫い目は柄がつながっていないので附下、裾はつながっているので訪問着。よってこのきものは附下訪問着になります。

附下訪問着で礼を示す装いを

結婚式ほど厳かになりすぎず、礼を忘れない装いにしたいときは、附下訪問着がおすすめです。合わせる帯を袋帯にして二重太鼓にすれば、華美になりすぎずも改まった装いで敬意を表すことができます。

帯締めは幅が広く、金銀が入っているものを。帯揚げは同色でセットアップにすると、きちんと感UP。

TIPS 9

お稽古ごとのデイリーコーデは落ち着いた小紋で控えめに

柳煤竹色《やなぎすすたけいろ》に葉っぱや鹿子絞りの型染め小紋は
ふだんのきものに大活躍！
織りの名古屋帯を合わせて落ち着いた
コーディネートにしてみました。

小紋（正絹・袷）

名古屋帯

カジュアル				フォーマル
1	2	3	4	5

染めのきものに織りの帯の王道コーデ

染めのきものに織りの帯は王道の取り合わせです。帯選びに迷ったら、まずはこの考え方を思い出すとスムーズ。そのあとで柄の大きさのバランスや、色のコントラストで合わせていくと吉。

芍薬《しゃくやく》と牡丹は似ていますが、葉っぱがギザギザになっていなければ芍薬。満開になる前の４月に締めると◎。

お稽古が終わって帰宅したら、ささっと半幅帯に替えてスーパーへ！　半幅帯は夏祭りコーデ（P.76）のもの。

帯は白地か黒地が最強。P.110の帯を合わせると、やせ見え効果大！　親しい友人との食事などに最適です。

集中したいときは三分紐より帯締めを

お稽古ごとできものを着るときは、三分紐＋帯留めのコーディネートではなく、帯締めを使うことをおすすめ。帯留めが動いてしまうのに気を取られずに、きちんとお稽古に集中できるからです。

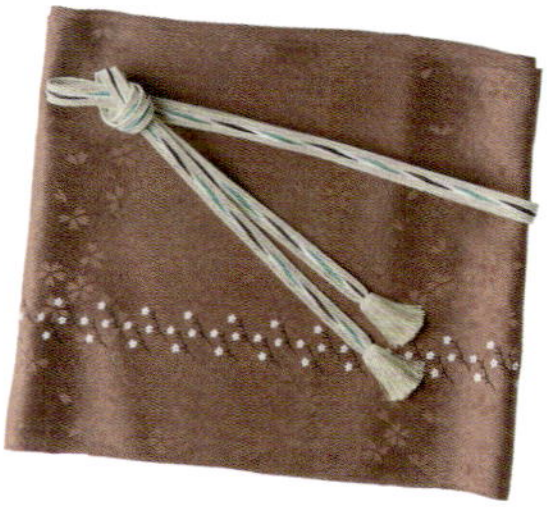

大人コーデの心強い味方が茶色の帯揚げです。きものの中の茶色に合わせて、光悦茶《こうえつちゃ》に小花柄の帯揚げを。

TIPS 10

紬に半幅帯を合わせて 近所の喫茶店にふらりとお出かけ

氷《ひ》割《わ》れ文様に抽象化された花柄が
流れるように配置されたカジュアルな小紋。
リバーシブルの半幅帯を合わせて
今日はどんな結び方でお出かけする?

カジュアル				フォーマル
1	2	3	4	5

カジュアルコーデがよりいっそう楽しくなる半衿たち。両面テープや安全ピンで気軽に付け替えられます。

さまざまな結び方で半幅帯を楽しんで

半幅帯は、帯結びのレパートリー無限大のおしゃれアイテム。長めのものならリボンパタパタ結び、短いものならカルタ結びがおすすめです。どちらも簡単ですぐに覚えられるので、挑戦してみてくださいね。

かわいいスワン柄の八寸名古屋帯を合わせて、公園デートにぴったりのコーディネートに着回し。

羽織を２着解いて、相性ぴったりの生地で作ったリバーシブル半幅帯。wake up kimono のロゴ刺繍入り。

ミモザのチェーンバッグと草履のセット。暗めの台の草履はカジュアル向きで、ほっこりきものにもぴったり。

京都の有線七宝焼の帯留め。文豪も愛したクリームソーダは、ポップですが、古典柄にもよく合います。

TIPS 11

ゴールデンウィークの旅行には旅を思わせる渡り鳥の帯で

紬のきものに織りの名古屋帯を合わせて旅行へ。シワになりにくいアイテムを選ぶことで旅先でのアイロンがけや着付けの乱れから解放されます。

小紋（紬・単衣）

名古屋帯

カジュアル				フォーマル
1	2	3	4	5

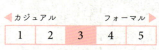

ゆるやかなカーブで遠くに見える山々の連なりを表す「遠山《とおやま》」文様。図案に遠近が加わり、深みと情緒をもたらす、古くから絵画や工芸品にも用いられてきた風景文様です。

「雁金《かりがね》」、別名ガン。幸せを運ぶ鳥として、図案化されて家紋にも使われています。細長い首が特徴的。斜めに連なって飛ぶ様子を表したものは「雁行《がんこう》文様」と呼ばれます。

梶の木は、古くから神聖な植物とされていました。七夕には梶の葉に歌をしたためる習わしもあります。

帯締めと帯揚げはほんの数cmしか出ませんが、コーディネートへの影響は計り知れません。今回は春っぽく、カジュアルにするために赤香色《あかこういろ》の小物をチョイス。同じ色の「渡り鳥」に目線が集まるようにしました。このように、小物の色によって目線を集める対象を変えられるのが、小物合わせの妙。小物や帯を変えることで着姿の印象がガラッと変わるのは、この目線集め効果による部分も大きいのです。今回はさらに、帯締めをトランプ柄にして、旅路の楽しさ、遊び心をプラスしました。

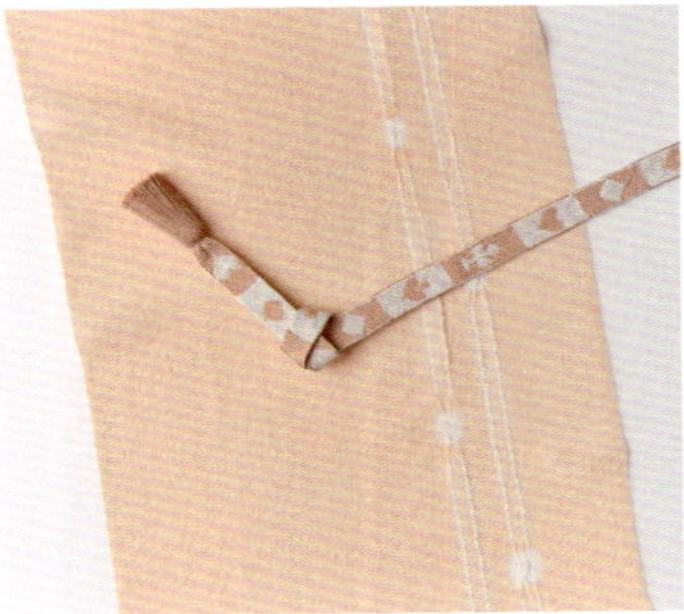

縦シボの紬は旅の心強い味方

縦シボがかかった紬地は、さらりとした着心地のよさとシワになりにくいところが持ち味。まさに旅行のお供にぴったりのきものです。カジュアルに半幅帯を合わせれば、荷物も減らせて足取りも軽やかに。

TIPS 12

絞りのきものにワクワクを詰め込んで香道体験に

やさしい雰囲気の総絞り小紋には
深いグリーンの織りの帯を合わせて。
きものの曲線と帯の直線が
互いのよさを引き立て合います。

小紋（正絹・袷）

しゃれ袋帯

カジュアル ◀ ▶ フォーマル

1	2	3	4	5

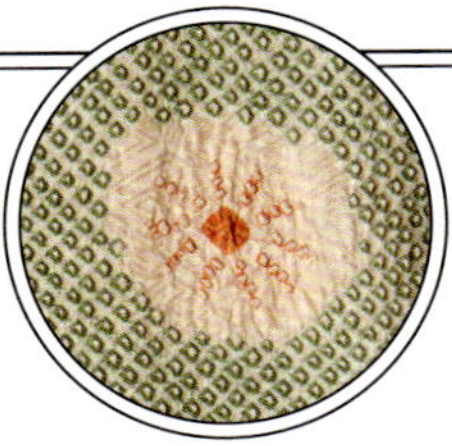

菊を丸く簡略化した文様で、江戸時代の光琳《こうりん》派の様式になぞらえて「光琳菊」と呼びます。おまんじゅうのような形なので、縁起のよい字を当てて「万寿菊《まんじゅぎく》」と呼ぶことも。

パステルきものも 深色帯で大人っぽく

総絞りの柔らかな雰囲気とパステル配色に「私にはかわいすぎるかも……」と思ったら深色の帯の出番。きものの中の一色をさらに深めたシンプルな帯がおすすめ。今回は竜巻絞り風の織り帯です。暗い色は細見え効果も。

総絞りは大変な手間と技術が必要な逸品。シルエットがふっくらしないよう、シワや厚みを取って着付けを。

P.56のパステルカラーの帯を合わせたら、お友だちとのお出かけにぴったりなワンピース感覚の装いに。

やさしいピンク系のグラデーションが美しい帯揚げと、淡いオレンジと白が市松模様のように組み合わさった帯締めで、香道の“心地よい香り”を表現してみました。全体がパステル調になると、かわいらしいイメージができ上がりますが、大人っぽく着こなしたいときは帯だけ暗くすることがポイント。大人っぽいコーディネートにしようと思うと、つい小物も暗い色を合わせたくなるものですが、あえて小物を明るくすることでメリハリが付き、より洗練された大人の着こなしにつながります。

着られなくなったきものが蘇る

きものWAKE UP!

Part 1

職人技術で、きものや帯に新たな命を！

もしもご自宅に着ないきものや帯が眠っていたら、ぜひ一度出してみて。思わず声が出るほどすてきな柄や生地があるかもしれません。それはまさに宝探し。「時代を超えて受け継ぐことができる」きものの神髄をお伝えするために、あっと驚く活用方法をご紹介します。

Technique

リメイク

きものや帯の布を素材として、
洋装にも使えるアイテムに甦らせます。

1

振袖用の袋帯がクラッチバッグに！

リメイクを手掛けたのは…

若い職人を育てつつ進化し続けて96年

株式会社岩佐さん

和装バッグと草履の老舗《しにせ》、岩佐さん。手仕事とメイドインジャパンにこだわり、完成後には隠れてしまう部分にも余念がない美意識と信念は日本の誇りです。常に進化し続ける商品展開の秘密は、職人の育成にあります。知識も経験も豊富な熟練職人が20代の若手を育てているからこそ、消費者目線の新鮮な商品が生まれ続けるのです。伝統を守りながら革新を続ける岩佐さんの手で、振袖用の袋帯が洗練されたクラッチバッグに変身！　唯一無二の審美眼で菊柄をどのように配置すれば美しいか見極め、軽くて持ちやすい丈夫なバッグができました。

第3章

涼やかに装う

夏のコーディネート

杜若《かきつばた》

梅雨の時期に咲く杜若は、初夏の装いにぴったりのアヤメ科の植物です。

短冊

短冊に願いを込めた七夕飾り。笹の葉や梶柄も七夕ならではのモチーフ。

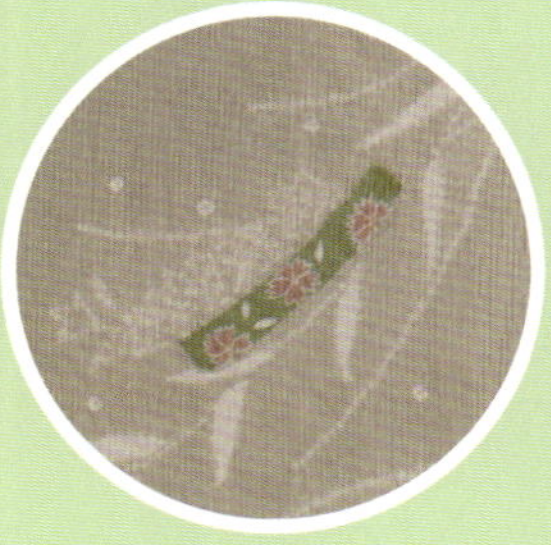

稲

五穀豊穣を願う美しい文様。季語は秋ですが、夏物に多く使われます。

TIPS 13

浴衣にメンズの兵児帯を合わせて ビアガーデンで乾杯！

サイケデリックな浴衣に、男物の絞りの兵児帯を合わせました。前はくしゅくしゅたわませてもよし、帯板代わりに厚紙で、ビシッと整えてもOK！

カジュアル				フォーマル
1	2	3	4	5

浴衣の素材は綿コーマ。手拭いのような触り心地で気持ちがいい素材です。洗濯機で洗えるのも嬉しい。

メンズの兵児帯で粋な浴衣姿を

男物の兵児帯は上質な総絞りのものが多く、もし家に眠っていたら、ぜひ引っ張り出して活用を！　軽くちょうちょ結びにするだけでも粋な仕上がりになり、黒で引き締め＆着痩せ効果も抜群です。

持ち物は
最小限に
うちわは必須！

梅雨コーデ（P.68）の夏帯でかき氷屋さんへ！　襦袢を着てきものとして着るなら、足袋に草履で統一感を。

足元はサンダルやミュールにしても◎

下駄ももちろんすてきですが、洋服用の履き物でも違和感が出ないのが、こういった柄行《がらゆき》の浴衣のいいところ。イヤリングやミュールをピンクにすれば、浴衣の柄に目がいって、よりいっそう浴衣が引き立ちます。

TIPS 14

絽の小紋と青紅葉の帯で憧れの川床を満喫！

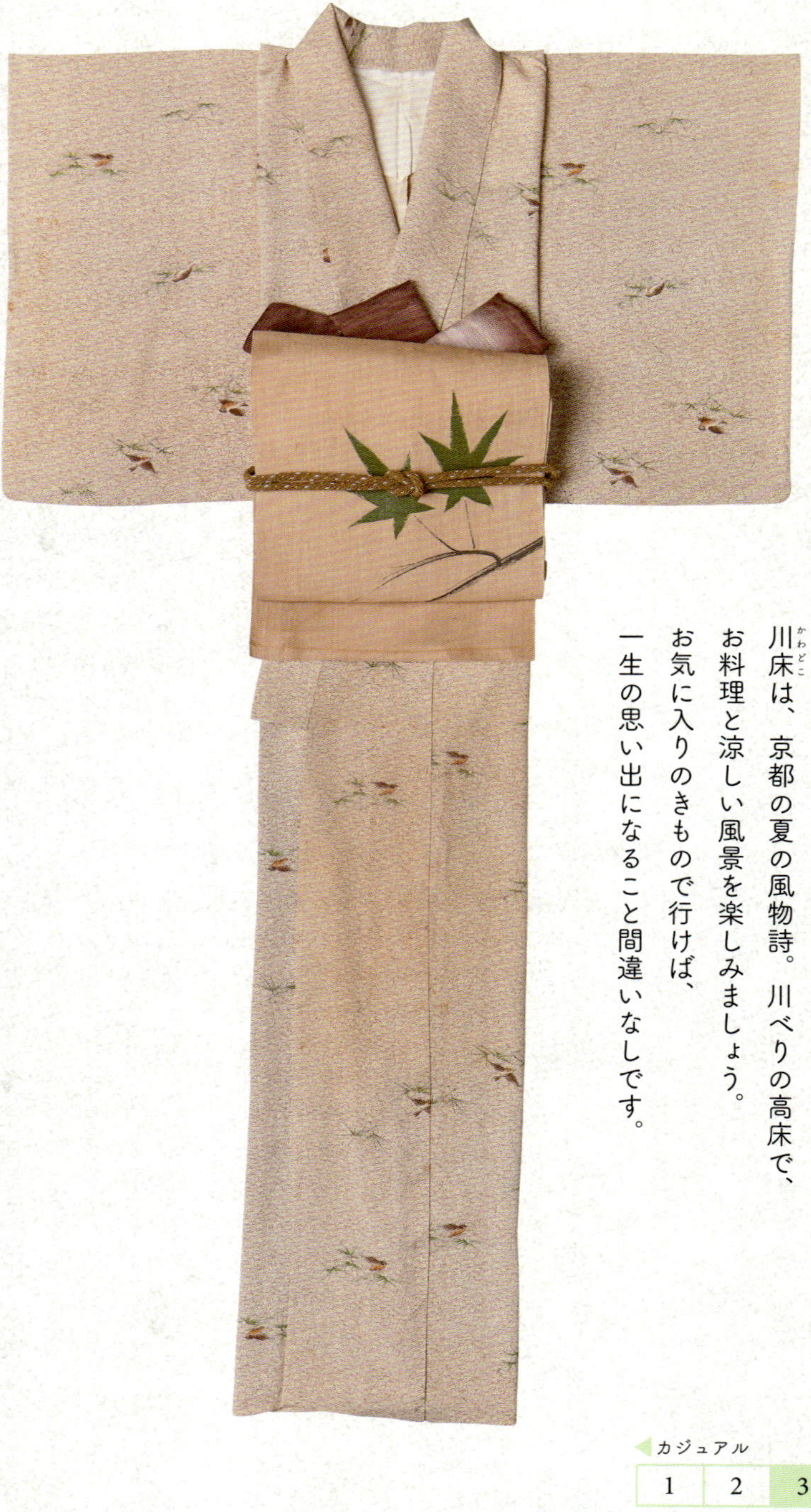

小紋（正絹・単衣）

名古屋帯

川床《かわどこ》は、京都の夏の風物詩。川べりの高床で、お料理と涼しい風景を楽しみましょう。お気に入りのきもので行けば、一生の思い出になること間違いなしです。

カジュアル				フォーマル
1	2	3	4	5

長襦袢の色で、薄物の着用時期がぐんと伸びます。色物の長襦袢で透け感を抑えれば、真夏以外も着用OK。

かわいい雀は縁起のいい古典柄

笹と雀が全体に配置された、絽《ろ》の小紋。竹や笹と雀の組み合わせは繁栄を表す縁起のいい吉祥文様で、伊達《だて》家の家紋としても有名です。よく見ると、さらに細かく笹が敷き詰められているこだわりっぷりも魅力。

6月に絽のきものはあり？ なし？

絽のきものは一般的に7月、8月に着るものといわれていますが、近年の気候の変動などにより、カジュアルシーンのリアルな着用時期は変わってきています。6月でも30度を超えれば、普段着に絽を着ることも。

浴衣でもOKですが川床に素足は控えて！

川床は気軽なランチなので、浴衣をきもの風に着るのもおすすめ。ただし、お座敷に上がるので素足にならないよう、足袋を履く方がGood！ レースやシースルーでもOKですし、持参してそのときだけ履いても◎。

●帯

青紅葉柄はGWから初夏の装いにぴったり。川床もちょうど青紅葉の季節に始まるので、風情豊かな装いになります。

●帯揚げ

雀と帯の枝の色を取って焦茶に。グラデーションの美しさがほどよく加わり、全体をまとめてくれます。

●帯締め

抹茶色と焦茶の中間色、璃寛茶色《りかんちゃいろ》の帯締め。目が粗い丸組みで少し細めなので涼感が出ます。

TIPS 15

初夏の式典・授賞式には単衣の訪問着で恭《うやうや》しく

水彩画のような筆致で秋明菊《しゅうめいぎく》を描いた訪問着に、さまざまな波紋を織りで表した夏帯を。紅藤色《べにふじいろ》のくすみカラーがかわいくなりすぎず、上品にまとめてくれます。

カジュアル				フォーマル
1	2	3	4	5

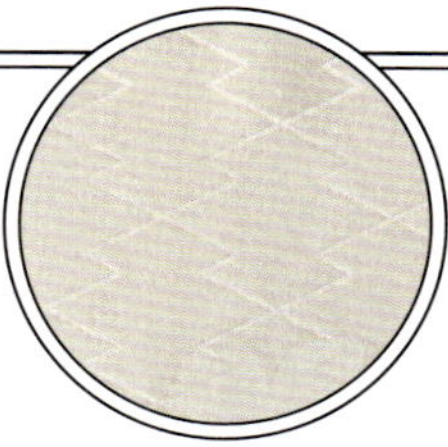

菱形の上下に、さらに小さな菱形が合わさった形の幾何学模様が「松皮《まつかわ》菱《びし》」。松の皮を剝がした形を模しているといわれています。文様を囲う枠としても使われます。

6月のフォーマルは単衣をセレクト

6月は裏地の付いていない、単衣仕立てのきものを着るのが無難。透け感があるものは少し早いかもしれません。授賞式には、なるべく格や季節のルールに則った、礼を尽くした装いをするよう心がけましょう。

両家顔合わせ（P.50）の帯を合わせて9月の披露宴へ。茶色の帯が、ぐんとシックにしてくれます。

七夕コーデ（P.72）のきものに今回の帯を合わせると、まるで違う帯のよう。帯締めと帯揚げはベージュが◎。

波文様は永遠の象徴として、桃山時代から愛されてきました。ダイナミックに波が盛り上がったさまを抽象化した波頭《なみがしら》、激しく飛沫がたつ様子の立浪《たつなみ》、渦巻きの曲線が美しい観世水《かんぜみず》など、多様な表現で波を表した袋帯は、慶びの席にぴったり。生地は上品な透け感がある紗《しゃ》で、6月から9月の4か月間着用が可能。紗は透け感によって着用時期が変わるので、透け感が強いものは7月、8月に身につけて。今回は淡い色の小物を合わせてフォーマル感を高めています。

TIPS 16

梅雨も楽しみ尽くす、きもの女子のススメ

御所《ごしょ》解《ど》き文様の小紋に、杜若の夏帯。
単衣のきものは一般的に6月と9月に着ますが、
カジュアルシーンではもっと柔軟に。
暑い京都では4月後半から、秋は10月まで着ることも。

小紋（正絹・単衣）

名古屋帯

カジュアル				フォーマル
1	2	3	4	5

四季折々の草花や枝折戸《しおりど》、東屋、橋などで御所の庭を模した「御所解き」文様。こちらの小紋は、パッチワークのような「裂取《きれど》り」文様のなかに御所解き文様を入れた叙情的な作品。

濃い色の帯締めで全体を引き締めて

全体の印象をキリリと引き締めるために、白と濃紫のコントラストが美しい帯締めを。これを板橋に見立て、『伊勢物語』の業平《なりひら》の東下《あずまくだ》り「八橋《やつはし》」を表現しました。板橋と杜若の組み合わせを「八橋文」と呼びます。

雨の日、きものでのお出かけを断念しなくてもいい裏技として知っておいてほしい「クリップ法」。きものをまくり上げて帯を隠し、前をクリップで留めてから雨コートを着ます。これでほぼ100%きものを雨や泥からガードすることが可能になります。雨コートを脱ぐ前にクリップを外して、おすまし顔で。

金銀糸が使われていない絽綴《ろつづ》れの八寸名古屋帯は、浴衣や小紋、夏紬にぴったり。6～9月まで楽しめます。

きものと同色の帯揚げで上品にまとめました。水滴のような渦巻きの銀刺繍が乙女心をくすぐります。

TIPS 17

バラのきもので優雅にアフタヌーンティー

しゃれたバラ柄の薄物に、
キラリと輝く名古屋帯を合わせた貴婦人コーデ。
大人メルヘンにおめかしして
昼下がりの優雅な時間を楽しんで。

小紋（正絹・単衣）

名古屋帯

◀カジュアル				フォーマル▶
1	2	**3**	4	5

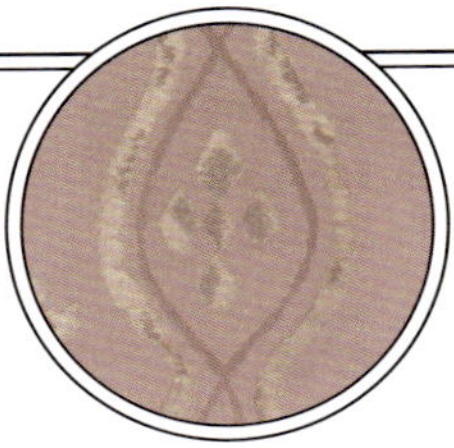

有職《ゆうそく》文様の一つ「立涌《たてわく》」。波状の線が向かい合って、繰り返す形の文様です。立ち上る水蒸気を抽象化したといわれています。立涌の中に文様を加えた「雲立涌」「菊立涌」なども。

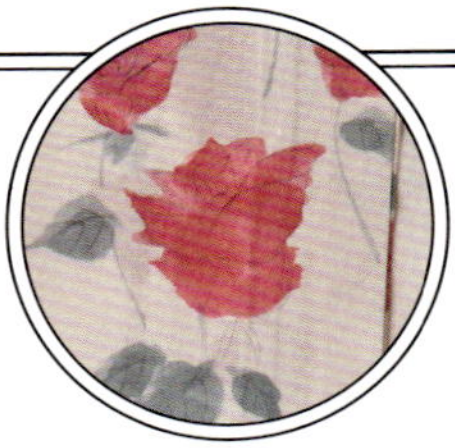

バラは『古今集』で詠まれており、古くからある植物ですが、文様としてはあまり使われていませんでした。大正時代にきものの柄として広がり始め、今では浴衣などにも使われるように。

貴婦人なきもので 貴族がルーツのお茶会へ

アフタヌーンティーは貴族のお茶会で、イギリス発祥といわれています。乙女心をくすぐるケーキスタンドや茶器などに、きもの姿はよく映えます。きものは露出が少ないので、その品のよさもぴったり。

飛び柄小紋は 小紋でもちょっと格上

こちらのきものは無地場が多く、一見「附下？」と思うほどドレッシー。柄の配置まで丁寧に考えて仕立てた和裁士さんの技量の高さに感服です。通常の小紋より格が高く、ほんのり金銀の入った名古屋帯と相性◎。

● 帯揚げ

帯揚げの色を帯と同系色にすることで帯の幅出し効果が得られます。帯幅を広く見せることで、全体のバランスアップに効果的！

● 帯締め

季節の変わり目のコーディネートで気をつけたいのが「季節を２段階の先取りはしない」こと。きものは薄物、帯は単衣物、帯揚げは夏物なので帯締めは暑苦しくないよう、少し粗めの涼しげな組紐を選びました。

TIPS 18

附下訪問着の短冊柄に七夕の願いを込めて帯選び

7月7日の七夕に短冊に願いごとを書き、笹竹に結びつける習わしに因《ちな》んで、趣味のバイクの帯を合わせ、大好きなバイクに乗ってどこまでも突き進みたいという願いを込めて。

カジュアル				フォーマル
1	2	3	4	5

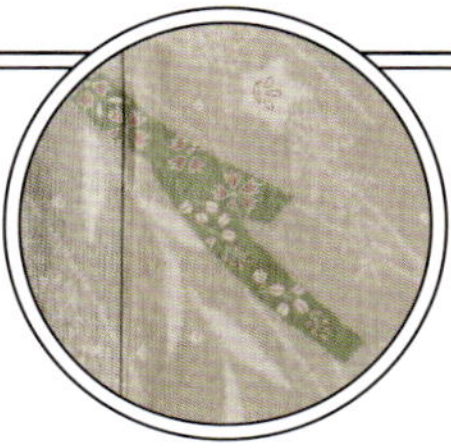

「短冊」は和歌や俳句、絵などを書く細い紙を文様化したもの。本来は、特に季節感のある文様ではないのですが、笹の葉が一緒に描かれているこちらは、まさに七夕仕様です。

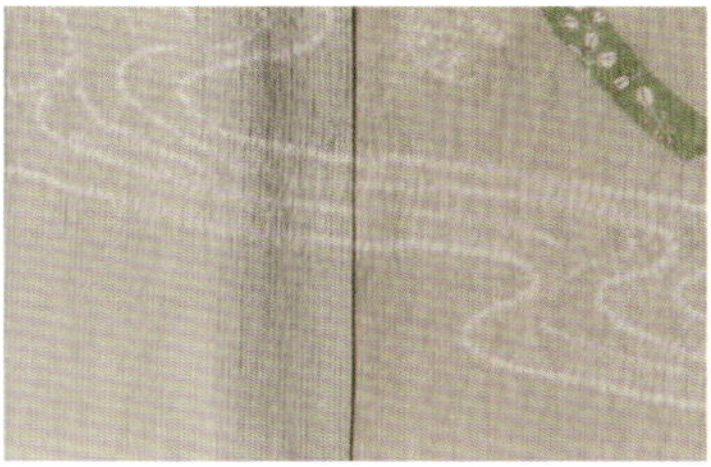

絽縮緬に絞りで流水を表した附下。よく見ると小さな穴があるのは、本物の手仕事の絞りである証拠です。

季節を先取りして 6月末に着てみたい

こちらのコーデに身を包みたいのは、たとえば、6月末のお食事会。きもの好きの仲間を誘って、お食事のあとは美術展へ。本格的な夏が来る前に、おいしいものを食べて美しいものを見て、心も体も潤しましょう。

七夕にちなんで、星が瞬くような銀彩が美しい帯揚げと、色合いを竹に見立てた帯締めを合わせました。

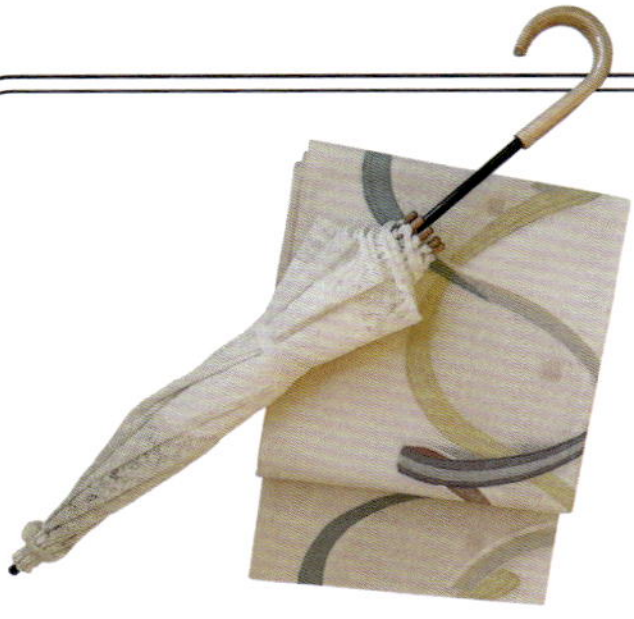

同じきものに、白地の夏袋帯にレースの日傘を合わせた白コーデも爽やか。あなたはどちらがお好きですか？

素描き作家の林博先生に、愛車のカワサキニンジャを描いてもらった日傘。帯とセットアップで楽しい後ろ姿に。

TIPS 19

還暦のお祝いに真っ赤なきもののはいかが？

ワインレッドの附下訪問着に、牡丹の帯で
還暦祝いの特別なディナーへ。
焦茶色の帯締めが
落ち着きをもたらすコーディネートです。

附下（正絹・単衣）

袋帯

カジュアル　フォーマル

1	2	3	4	5

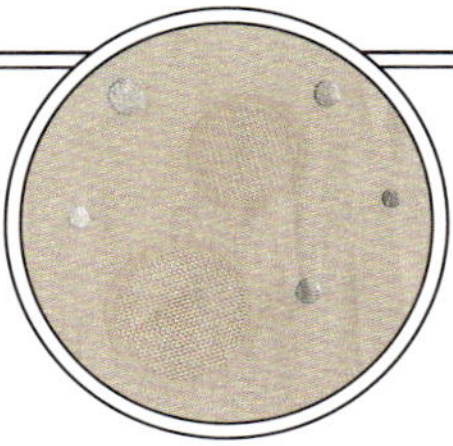

こちらの夏用の帯揚げは「水玉」文。小さな円を水玉に見立て、円形で始まりも終わりもないことから「永遠」、角が立たないことから「円満」と縁起がよく、主に夏物に使われます。

附下と訪問着見分けるポイントは？

左袖あたりと裾あたりに上下正しい向きの柄があれば、それは附下か訪問着。左衿から肩、袖にかけての縫い目をまたいで大きく柄が付いていたら訪問着で、柄が飛び飛びなら附下です。詳しくはP.20をチェック。

人生100年時代、新たな門出を祝って船の帯を合わせるのもおすすめ。墨黒が個性と強さを引き出します。

きものは紗。透け感があるものを夏物（薄物）と呼びますが、その代表格が紗と絽。絽はP.64のきものを参照。

P.72の七夕コーデのきものに今回の帯を合わせると、しっとり穏やかなイメージの着こなしになります。

夏の袋帯。牡丹の花は刺繍になっています。芍薬の花に似ていますが、葉っぱの形で見分けられます。

TIPS 20

夏祭りのお囃子《はやし》に誘われて紺地の浴衣でそぞろ歩き

ひまわりの紺地浴衣は、ノスタルジックにコーディネートしたい一着。半幅帯で思い思いの結び方を楽しんで。三分紐と帯留めでアクセントをつけるのも一興です。

浴衣（木綿・単衣）

半幅帯

カジュアル ◀ ▶ フォーマル

1	2	3	4	5

動きやすいぺたんこ結び。貝の口やきちや結び、カルタ結びは凹凸が少ないので、乗り物移動もへっちゃら。

白紺配色の浴衣は王道の着こなしが最高！

浴衣の王道は、白と紺の配色です。涼しげで古き良き日本の美。浴衣を木綿のきものとして着るのもすてきですが、白紺配色や大きな柄のものは、浴衣として着るのが最もすてき。年齢を問わず長く着られます。

リボンパタパタ結び、恋文結び、角《つの》出《だ》し風やお太鼓風は、体型カバーが可能。半幅帯のレパートリーは無限大。

２着の羽織から作ったリバーシブルの半幅帯。その日の気分や結び方で、違う面を出して楽しんで。

兵児帯は子どもや男性用の帯でしたが、近年は大人の女性にも人気。幅広で扱いやすい、ボリューム感が◎。

P.64の帯で一気に大人に。半衿なし、素足に下駄、帯締めは茶やグレーのレース編み、帯揚げは同色の絽で。

TIPS 21

風や雲を連想させるコーデでクルージングにお出かけ

躍動感あふれる摺《す》り友禅の小紋は、部分ごとに藍色の濃淡に違いを出した、手染めならではの逸品です。八寸帯とこだわりの小物で今っぽく。

小紋（絹・単衣）

名古屋帯

カジュアル　フォーマル

1	2	3	4	5

パンチの効いた帯。忍冬文《にんどうもん》、雲や波にも見える抽象柄なので、自分なりのテーマでコーデを楽しみたい。

きものに描かれた、稲に集まる鳥たちの姿。渋い地色と見事な色使いの藍色からは懐かしさも感じます。

墨黒の帯と合わせて草履も黒にすれば統一感が出ます。民芸調にならないようにエナメル素材のものを。

きものコーデは季節先取りが基本！

『古今集』の「稲負鳥《いなおおせどり》」を思わせる優美な小紋。稲負鳥の古歌は9月、10月の稲刈りの風景がテーマなので、季節を先取りして晩夏に着用したい。小物を藍色にすることで、きものの藍を引き立てて。

●帯揚げ

三越《みこし》（塩瀬《しおぜ》と縮緬の中間の織り）に竜巻絞りを施したもの。ほどよくきしむのでシワになりにくく、ビシッと仕上がります。メンズライクな色合いと竜巻絞りの疾走感が、着姿をクールにしてくれます。色の出方を計算しなくても柄が出るのが嬉しい。

●帯締め

藍色に山吹色《やまぶきいろ》のドットが織り込まれた、大人かわいい帯締め。軽やかな遊び心が、クルージングのイメージにぴったりです。

着回しで楽しむ二泊三日

きもので小旅行！

機内持ち込みサイズのスーツケースにもバッチリ入る、
きものの持ち物をご紹介！

持っていくもの

① きもの・帯×2

今回は着ていくものを含め、
きもの２着と帯３本で
３日間を過ごします。

② 帯揚げ×２
三分紐×２
帯留め×２
替え袖×１

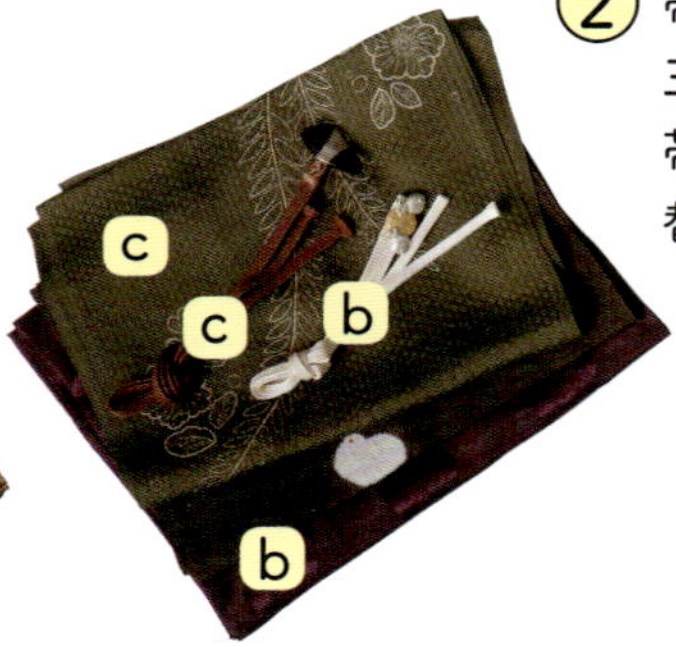

③ き楽っくの替え衿

写真の形で入れれば、
イヤな折り目が付きません。

着ていく
きものはこちら！
竹柄の紬に、
船柄の紅型《びんがた》染め
名古屋帯。

着ている中で使い回すもの

以下のものは、
旅行中に着回しに使用します。

- きもの
- 草履
- 伊達締め×２
- 帯板
- コーリンベルト
- 腰紐×２
- 帯枕
- 衿芯
- 補正タオル

④ 衣装敷き・風呂敷・洗濯ネット

着終わったきものや帯は予備の風呂敷に包んで分けます。肌着類はホテルで洗濯することもできるので、洗濯ネットがあると便利です。

⑤ バッグ

2日目は大きな荷物を持ち歩きたくないので、バッグも持っていきます。

⑥ 折りたたみ式のきものハンガー

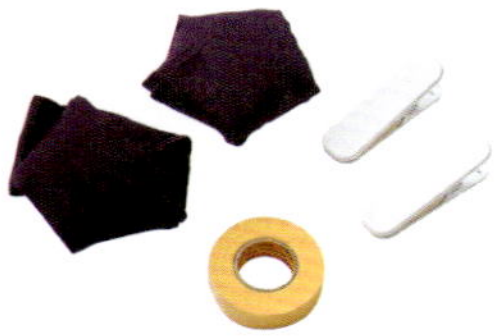

⑪ 腰紐×2・クリップ×2・マスキングテープ

マスキングテープは補正に使います。

⑦ 足袋×2

⑧ 和装ブラ＆ショーツ×2

⑨ 肌着×2

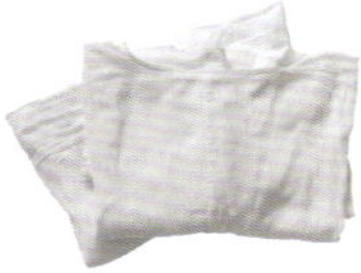

⑩ 長襦袢（き楽っく本体のみ）×2

シワにならない！ スーツケースの詰め方

荷物は種類ごとに分けるだけで、出し入れしやすくコンパクトに。シワが気になるきものや帯はスーツケースのハンドルがない側（底にでこぼこがない側）に詰めるようにしましょう。

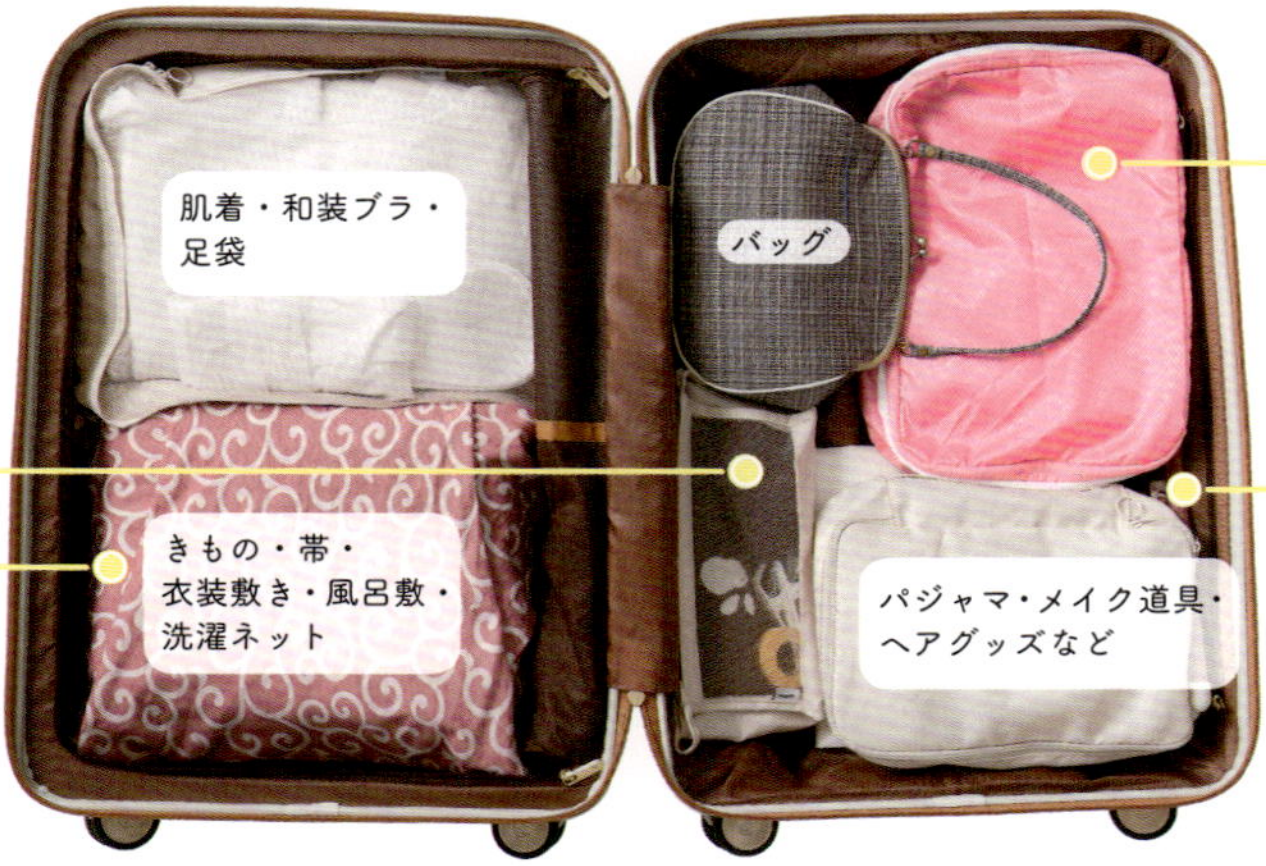

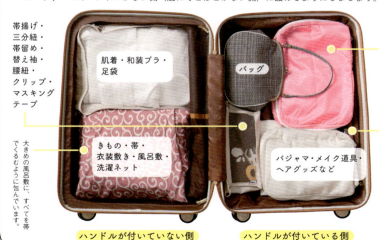

1日目

旅を思わせる船柄の帯で
2泊3日旅行に
いってまいります！

小物
A ＋ B ＋ a

竹柄の織りのきものに配色がモダンな紅型染名古屋帯を合わせました。水玉の帯揚げで海のあぶく、帯締めで波を表現。きらりと光る紫の草履ピアス®もポイント。

前にも背中にも大きな船が。楽しいことがいっぱいありそうな予感です。

スーツケースをホテルに置いて移動できる日用に、バッグも持っていくと便利です。

2日目

秋のモチーフを
ちりばめたコーデで
今日はどこを見て回ろう？

C + D + 小物 b

縮緬の生地に、
和更紗《わさらさ》の文様が型染めされた小紋。
よく似たムードの
八寸名古屋帯を合わせて旅を満喫。

お月見うさぎの帯留めと、雪うさぎの帯揚げをコーディネート。秋の1日を楽しむのにぴったりです。

3日目

久しぶりの友だちと
ランチ会
帰るのが惜しくなりそう

1日目は帯が主役、今日はきものが主役です。
きものの着回しは、長襦袢やインナーで
しっかり汗対策をすることが前提。
シワになりにくい、紬や化繊がおすすめ。

小物
A + E + c

明るい色の帯となじみのいい
色合いの帯揚げで、すっきり
とした着こなしを。

誰にも聞けない？ 旅先での“着替え”事情

宿に着いたら、まずはお着替え。脱いだきものや帯はすぐに畳まず、ハンガーに掛けて湿気を取りましょう。きものハンガーを高いところに掛けられたらベストですが、洋室に鴨居《かもい》があることは少なく、備え付けのポールに掛けることになります。そこで味方になってくれるのが、ホテル備え付けのズボンハンガー！ピンチで2か所を留めて持ち上げるように掛けると床につかないので安心です。

　また、バスルームのドアにきものを掛けるのだけは避けて。湿気できものの裾がたわんだ状態になり、自力で直すのが困難になります。

ホテル着付けのポイント

狭いホテルの部屋でも、快適に着付けをするためのポイントをご紹介！

1 汚れ防止に衣装敷き

姿見がある場合は、その前に衣装敷きを敷いて着付けをしましょう。椅子が移動できない場合、ベッドに風呂敷を広げると、すぐに着付けに取り掛かれます。鏡がない場合は、裾が床に触れる感覚を頼りに腰紐を結び、衿のみバスルームの鏡を見て仕上げて。

2 翌日着るきものは吊るしてシワ伸ばし

窓側にハンガーを掛けられるような鴨居があれば、きものハンガーをやさしく掛けて。裾が床につかない状態できものを吊るせます。

3 ズボンハンガーできものを守る

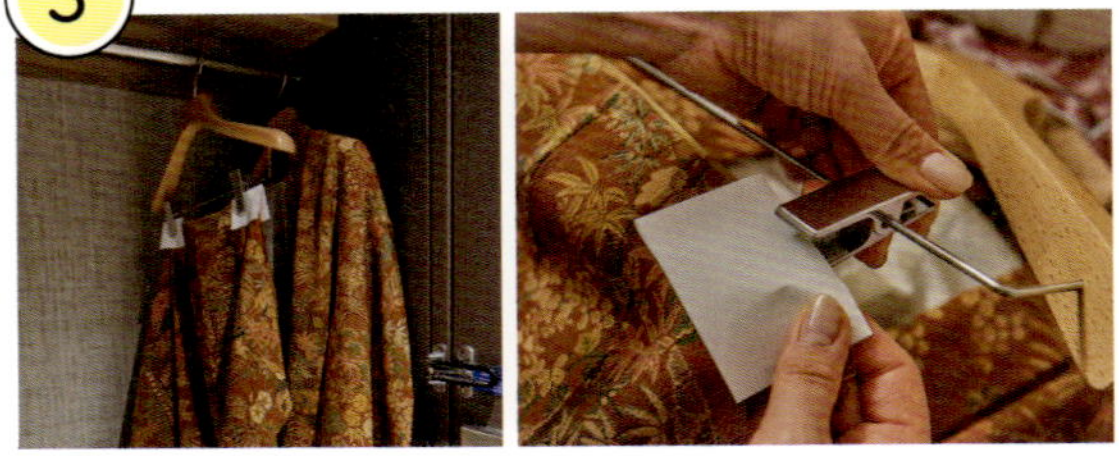

きものハンガーを掛ける場所がない場合、ズボンハンガーを使いましょう。まずは普通のハンガーにきものを掛け、次に裾を持ち上げるようにズボンハンガーのピンチを留めるだけ。ピンチはきものを傷つける恐れがあるので、紙を挟んで使用します。

着られなくなったきものが蘇る

きものWAKE UP! Part 2

Technique
素描き

きものや帯に直接新たな柄を描き、新しいアイテムに変身させます。

1 留袖用の袋帯をおしゃれな京袋帯に!

Before

After

2 黒共帯を遊び心いっぱいのカジュアル帯に!

After

Before

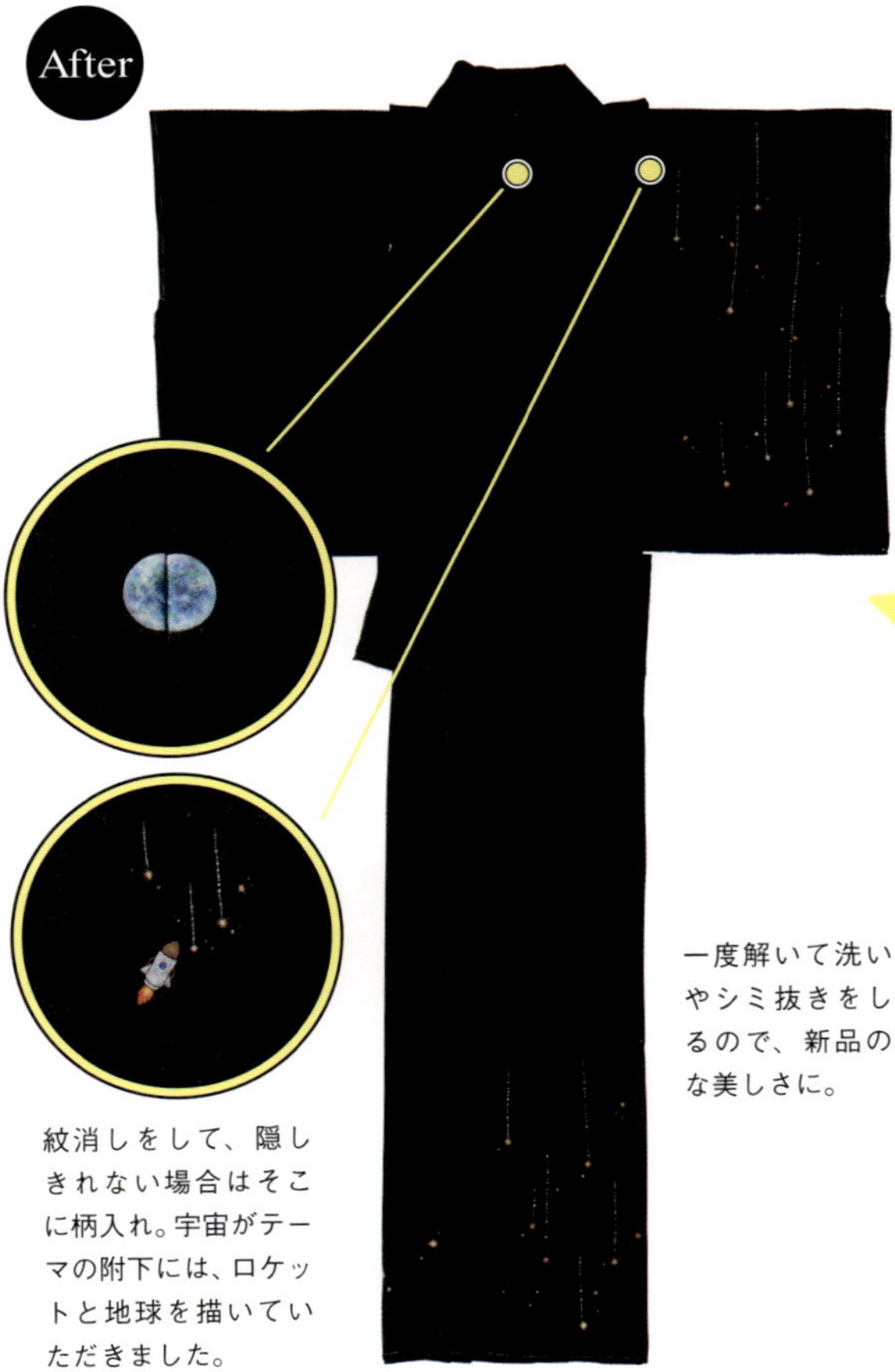

3 喪服をシックな附下に！

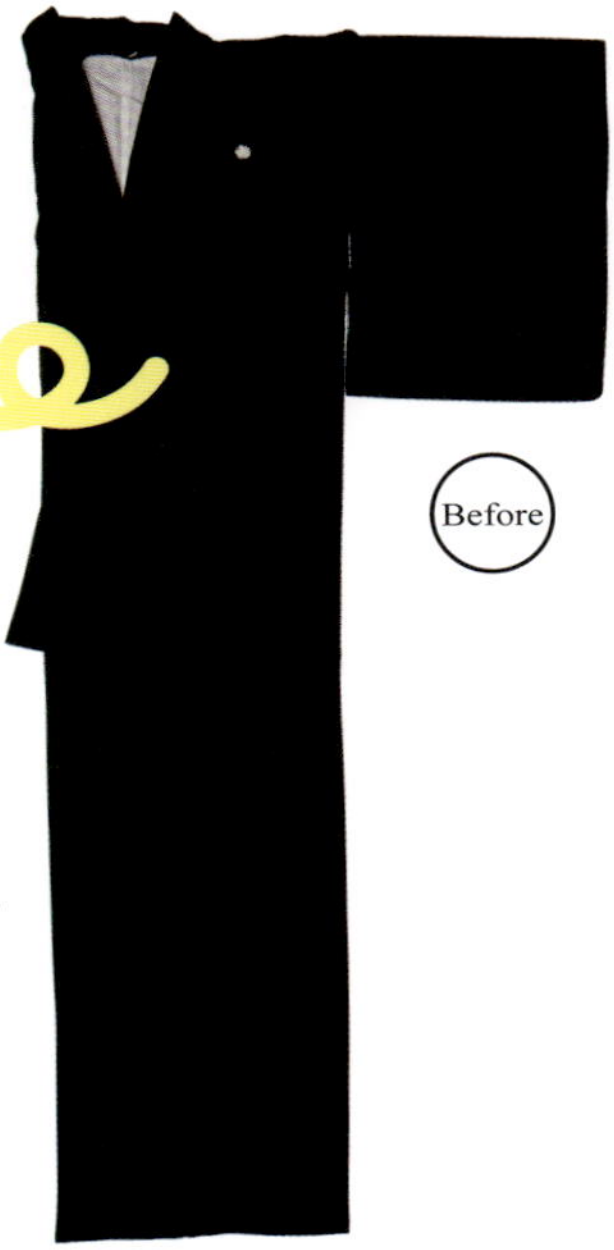

一度解いて洗い張りやシミ抜きをしているので、新品のような美しさに。

紋消しをして、隠しきれない場合はそこに柄入れ。宇宙がテーマの附下には、ロケットと地球を描いていただきました。

素描きを手掛けたのは…

心ときめくアイデア、筆使いに驚嘆！

素描き友禅リクリエイター
ひふみや（空海子）さん

この道20年の空海子さんには全国に熱狂的なファンがいます。専門的な知識の土台があるからこそ生まれる斬新なアイデアが魅力で、今回は黒紋付きを専門の職人に丁寧に洗っていただいたうえで、宇宙の素描きを施していただきました。素描きは、特殊な顔料で絵付けをする、一度たりとも失敗できない大仕事。顔料は水に強く劣化しないため、この先50年100年と長く受け継ぐことができます。星降る夜を繊細なタッチで見事に表現してくださり、世界に一つの附下が完成しました。まるで刺繍か織りのような立体感に、思わずため息がこぼれます。

Technique

染め替え

きものも帯も、色を変えるだけで全く違った印象に生まれ変わります。

1 かわいいピンクの色無地を渋い色に！

淡い色から濃い色に染めるときは、上からそのまま染めることができます。この技術は「たき染め」といい、シミの有無や生地の耐久性などの見極めが必要で、色の予測が難しいという特徴が。

2 柄はそのままに地色だけの変化も可能

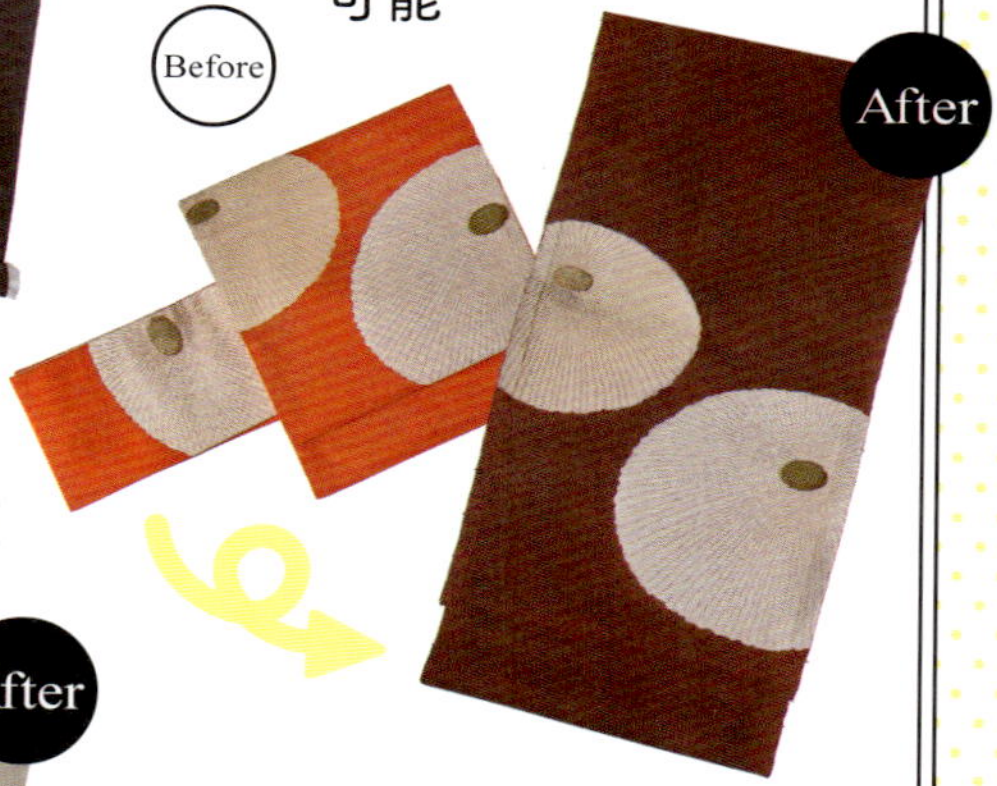

3 濃いめのピンクの色無地を落ち着いた色に！

濃い色から淡い色に変えるときは、一度色を抜いてから改めて染め直します。この技術は「引き染め」で、気に入っている地紋のきものや思い出のきものがあればぜひ、職人技で思い通りの色に。

引き染めを手掛けたのは…

思い通りの色を作る自由自在の神技

冨士染工さん

58年染色に携わる社長を筆頭に、熟練引染師の手仕事に厚い信頼が寄せられ依頼が絶えない冨士染工さん。引き染めとは、染料を混ぜて色を作り、刷毛で染める技法です。

第4章

彩りあふれる

秋のコーディネート

うさぎ

お月見うさぎは、心ときめく秋の定番モチーフ。吉祥文様でもあります。

紅葉

赤く染まった楓《かえで》の葉っぱが紅葉です。日本の秋の風物詩といえばこれ！

鹿

鹿は神の使いともいわれるおめでたい文様。さまざまな意匠があります。

TIPS 22

うさぎの帯に出会ったら お月見をおしゃれに楽しんで

附下（正絹・袷）

名古屋帯

新橋色《しんばしいろ》の吉祥文様の附下に、扇とうさぎの九寸名古屋帯を合わせました。きものの地紋に芝草文があるため、野を駆け回るうさぎの物語ができ上がりました。

カジュアル				フォーマル
1	2	**3**	4	5

●帯揚げ

帯揚げ選びは、コーディネートの中で手を抜きたくない大切なポイント。帯と同色系にして、全体の印象がポップになりすぎないように整えます。縮緬素材なら、シワが目立ちにくいのも嬉しい。

●帯締め

ノスタルジックなコーディネートにおすすめなのが、丸ぐけの帯締め。レトロなムードが今回のコーデにぴったりです。色は茶系を選ぶことで、上品さもUP。きものと同じ新橋色の三分紐に帯留めもおしゃれ。

吉祥文様の附下は汎用性の高さが魅力

吉祥文様の附下は汎用性が高く、一着は持っておきたいアイテム。この附下は松竹梅文様で、金銀の袋帯で式典に、しゃれ袋帯で能楽鑑賞に、金銀の名古屋帯でお茶会に……など、いろいろなシーンに着用できます。

印象的な帯を使いこなすコツは「色」。今回は、帯の中にある新橋色に合わせてきものを選びました。

帯は、こんなきものにも合います！

紋なしの焦茶の色無地と合わせれば、帯を引き立てつつシックなコーデに。

P.36 絞り風の小紋でやさしい雰囲気に。小物を紫にすると大人っぽくなります。

TIPS 23

無地紬のすっきりコーデで秋の京都旅行を満喫

紋が入っていない、わずかに節《ふし》感のある紬の無地。
墨絵の帯に幅広で柄入りの帯締め、
唐草の帯揚げを合わせてシックにまとめました。
秋の京都を存分に味わって。

紋なし色無地（紬・袷）

名古屋帯

カジュアル　フォーマル

1	2	3	4	5

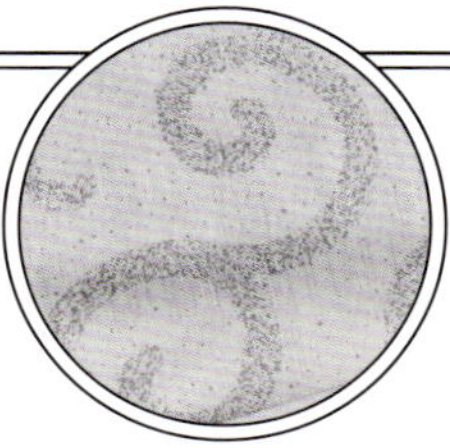

「唐草」は、その伸び伸びとしたさまから、繁栄のシンボルとしてさまざまな草花や動物と組み合わせられる文様です。シンプルな唐草は合わせやすく、柔らかい雰囲気になります。

名脇役の無地紬は八掛《はっかけ》の色に気を遣って

紬の無地は、帯を主役に引き立てる名脇役。帯の色、柄、生地を変えてたくさん着回して。八掛を共色にしておくと、コーディネートしやすくなります。八掛のみを交換・きものに合わせて別誂《べつあつら》えするなども可能。

帯締めを三分紐＋帯留めに変えれば、さらにカジュアルダウンして軽やかなコーディネートになります。

墨絵の帯は静けさがあり、無地紬とぴったりマッチ。柄物の帯締めでおしゃれ上級者に。

無地紬は帯合わせでさまざまなシチュエーションに対応可能！

割烹料理屋さんに行くときなどは、P.46 の金銀が入った名古屋帯を合わせて。

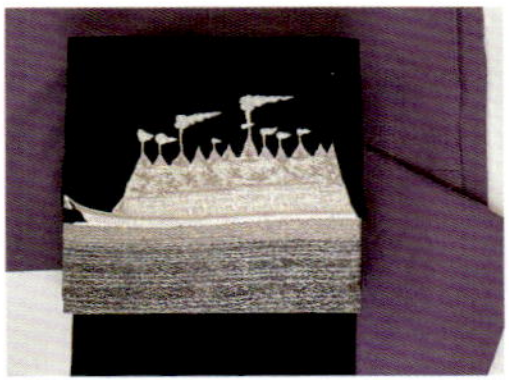

黒地のしゃれ袋帯を合わせた粋なコーディネートは観劇などがおすすめです。

両家顔合わせコーデ(P.50)の正倉院文様の袋帯で、洋館の立食パーティーへ。

TIPS 24

シワになりにくい帯を選んで小粋に落語鑑賞へ

独特な図柄の中に草花や三重塔を染めた小紋は、大変手の込んだ作品。葡《え》萄《び》茶《ちゃ》色《いろ》の無地場が多い九寸名古屋帯で色気もプラスしたコーデです。

小紋（正絹・袷）

名古屋帯

カジュアル				フォーマル
1	2	**3**	4	5

木綿の半衿を合わせたら、たちまちこなれ感UP。お好みの手拭いがあれば、ぜひ活用してみて。

小物使いをいつもと変えて脱マンネリコーデ！

帯揚げと帯締めをちょこっと変えて、いつものコーデから脱却。ポイントは、帯揚げと帯締めの色を違うものにすること。きものか帯の色を一色選んでみて。逆に帯揚げと帯締めを同色にすれば、フォーマル感が出ます。

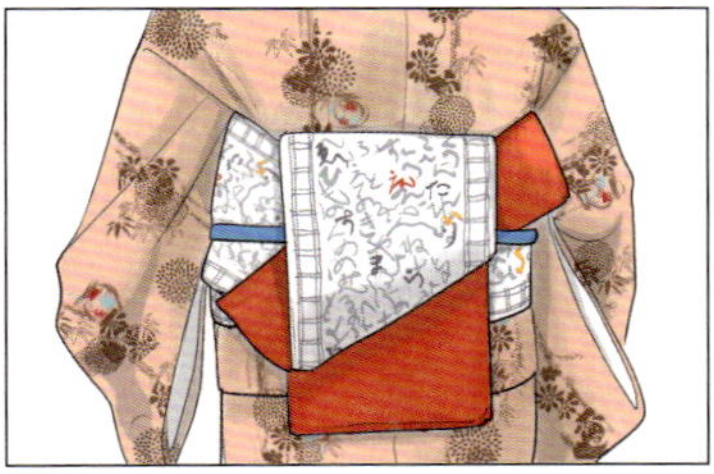

お太鼓結びに不安があれば、半幅帯の「やの字結び」もおすすめ。帯締めをプラスすればきちんと感も。

帯はきものの中の色とリンクさせました。帯揚げは三色ぼかしなのでコスパ最強。どの色を出してもOK！

背もたれがある席はシワになりにくい帯で

落語鑑賞では、後ろの人が見えるように背にもたれかかるのがマナー。お太鼓のときは手で伸ばしてからもたれることで、変なシワを防げます。あらかじめシワになりにくい帯を選び、帯枕を薄めにすれば姿勢も楽です。

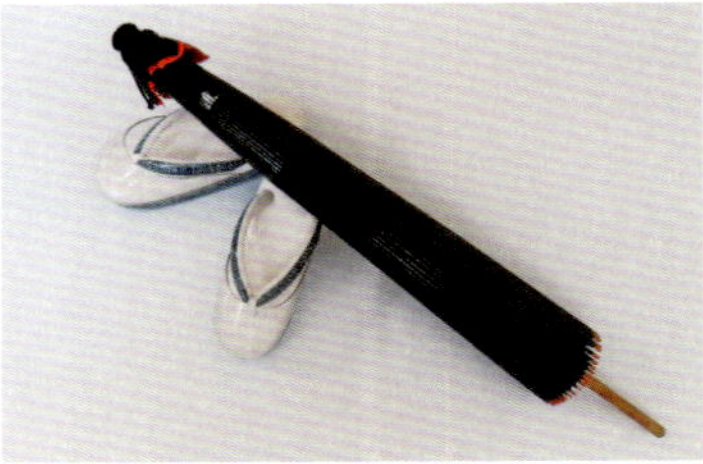

小雨のときは、和傘に雨草履でムード満点。和傘は閉じて持ち歩くときも置くときも持ち手を下にします。

TIPS 25

今日のあなたは本の旅人、お花の小紋で図書館へ

小紋（正絹・袷）

名古屋帯

抽象化された花々が
モダンな配色で型染めされた小紋に
八寸名古屋帯を合わせて図書館へ。
茶色の小物なら、 赤やピンクも落ち着きます。

◀カジュアル　フォーマル▶

1	2	**3**	4	5

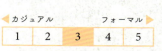

花柄のきものとよろけ格子の八寸名古屋帯の組み合わせはカジュアルで遊び心満載の取り合わせ。それなら帯締めもお茶目にしたくて、ガラス製の帯留めで光をプラスしました。

花柄のきものには幾何学模様が好相性

花柄のきものには、幾何学模様の帯がハマりやすいもの。さらにきものに使われている色をよく観察して、同系色が使われている帯を見つけたら、運命的！　こちらは、ほぼ全部の色が共通している奇跡の組み合わせ。

きものの甘さを抑えてくれる焦茶の帯揚げは、合わないものを探す方が難しいくらいのお利口アイテム。

よく見ると「本」の文字が。いえいえこちらは絣《かすり》模様。縦横の糸で多種多様な柄を織りなすすばらしい技術！

ヘアメイクまでトータルコーデを！

きものを思う存分楽しむなら、ヘアスタイルも大切に。図書館の窓際で本を選ぶイメージには、三つ編みがベストマッチ。パステルカラーのメガネやトートバッグで、力みすぎないトータルコーデを楽しんで。

かわいすぎるのが好みでないあなたには、奈良旅行コーデ（P.118）の帯がおすすめ。イメージが激変します。

TIPS 26

白地の紬に赤い帯、粋な装いでふらりと盆栽展へ

絣で麻の葉を表した上質な紬に蒲色《かばいろ》の八寸名古屋帯を合わせました。赤系の帯はタンスに眠りがち。盆栽の並ぶ空間に美しく映えるので、活用方法に迷ったらぜひ。

◀カジュアル　フォーマル▶

1	2	**3**	4	5

菱文様は古くから親しまれてきた古典文様で、大名の家紋にも多く使われているもの。その中でこちらは「割り菱」と呼ばれる、季節に関係なく使える合わせやすい文様です。

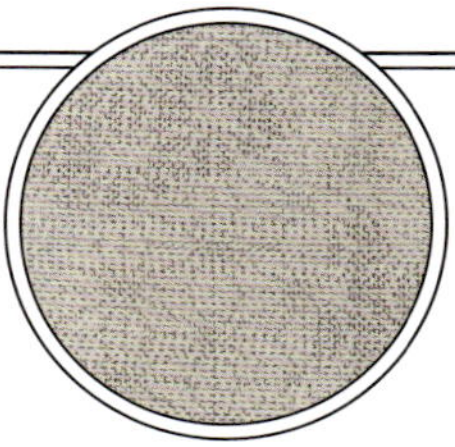

正六角形を基調として構成される「麻の葉」文様。形が麻の葉に似ていることからその名がついたといわれています。江戸時代に歌舞伎役者が「妹背門《いもせのかど》松《まつ》」で着用し、大流行しました。

八掛の色に注目してコーディネートすると上級者コーデになります。帯の緑とベストマッチ。

アフタヌーンティーコーデ（P.70）の八寸名古屋帯を合わせれば、上品な大人の装いのでき上がりです。

● 帯揚げ

今回は、八掛の色に注目して帯をコーディネートしているので、帯揚げも八掛の緑をやさしく引き立てる裏《うら》葉《は》柳色《やなぎいろ》を選びました。

● 三分紐・帯留め

盆栽をしっとりと観賞するのに、自身もどこかにアースカラーを纏いたいと思い、木々の色を思わせる茶色の三分紐をチョイスしました。ほっこりとした木製の帯留めでトーンを合わせてコーディネート。

TIPS 27

お料理などの家事をするなら半幅帯でチャキチャキと

紬に半幅帯のお家着スタイルなら
少々着崩れたってかまわない！
割烹着やたすき掛けで、動きやすく工夫して、
家事だってきものでこなしちゃいましょう。

カジュアル				フォーマル
1	2	3	4	5

お家でさらっときものを着るなら、半幅帯が楽ちん！ 貝の口などのぺったんこ結びがおすすめです。

同系色の 曲線×直線コーデ

曲線使いのきものに直線の帯を合わせた、きものならではの柄×柄コーデ。柄物の小紋にスッキリ縞柄《しまがら》を、シンプルな紬にインパクト帯を。思い思いの組み合わせを楽しんで。同色系ならよりいっそうまとまります。

幾何学模様のきものは季節が限定されないので万能です。P.36の名古屋帯を合わせれば外出着になります。

半幅帯は、年中締められる帯です。もちろん、夏場の浴衣にもぴったり。絞りの浴衣に合わせてみました。

TIPS 28

シックな附下に袋帯で記念日ディナーをドラマチックに

ろうけつ染めの附下訪問着に波文の金糸袋帯を合わせて女優コーデ。色使いの数を最小限に整える引き算の美学です。

附下（正絹・袷）

袋帯

◀カジュアル				フォーマル▶
1	2	3	4	5

地紋は有職文様である菱紋。直線を交差してできる四角形の中に草花が配され、格調高い柄が浮き立ちます。

百花の王といわれる牡丹。春のイメージが強いかもしれませんが、冬に咲く寒牡丹や冬牡丹もあります。

柄が単色で控えめな附下訪問着なので、P.130の金銀が入った名古屋帯でカジュアルダウンが可能です。

淡い紫とシルバーの小物で光をプラス。ディナーは暗めの照明が多いので、帯周りに明るい色を持ってきて。

金糸袋帯でも輝きが少なめな帯なので、P.116の色無地を合わせればお茶会やいいお席での観劇にも。

目立ちすぎないコーデにしたいときは、銀通しのシルバーの三分紐にキラキラした帯留めで上品に。

TIPS 29

アンティークきもので優雅に植物園散策へまいりましょう

絣のアンティークきものに、小紋を作り替えた名古屋帯で植物園へ。ビビッドカラーがお好きなら、アンティークきものは宝の山！

小紋（正絹・袷）

名古屋帯

カジュアル　　フォーマル

1	2	3	4	5

きものを解いて 染めの名古屋帯に

今回の帯は、元はきものでした。白地の空間が絶妙で、どんなきものにも合わせやすい帯になりそうだったので、丁寧に洗い張りをしてから名古屋帯に作り替えました。染め帯は、紬や銘仙にぴったりハマります。

アンティークの 魅力が詰まった一着

縦の絣模様がどこか儚《はかな》く、袖丈が長めなのもこのきものの魅力です。袖が長いと若々しくレトロな印象に。大人の女性が着る場合は、アンティークな世界観を演出して。柄半衿もよく合い、高身長女子にも◎。

アンティークきものの袖丈が長いときは、襦袢の替え袖を手作りしてみて。直線縫いだけで簡単に作れます。

季節を一歩先取りするのが、きもののおしゃれ。植物園でつぼみがつき始める花を帯留めに選べばセンス◎。

● 帯揚げ

全体を同色でコーディネートするのにマンネリ化してきたなと思ったら「補色」を意識してみて。紫には黄色系がよく合います。

● 帯締め

組み方がおもしろい、さざ波のような太い帯締め。金銀が入っていない太めの帯締めは、レトロ感たっぷりの雰囲気。ぷっくりした丸ぐけもアンティーク感満載でおすすめです。また、三分紐にお好きな帯留を付けるのもすてき。

TIPS 30

秋の気配を感じたら 単衣きもので、ふらりと居酒屋へ

小紋（紬・単衣）

名古屋帯

シボが肌に気持ちいい、麻混の単衣きもの。印象が強めのきものには無地の帯がとてもよく合います。酒場にも気軽に立ち寄れるカジュアルな装い。

カジュアル ◀ ▶ フォーマル

1	2	3	4	5

粋なきものは
色っぽく着こなす

楓に流水は、昔から好まれてきた文様の組み合わせです。このような粋なきものは、衣紋をたっぷり抜いて色っぽく着こなしたいもの。合わせた深い紫の帯は、銀座結びでゆったりと結ぶのがおすすめです。

麻混のさらりとした生地。暑さの残る9月、10月にもってこいのきものです。襦袢も柄物にすると最高。

姐《ねえ》さんっぽく仕上げるためのマストアイテムが三分紐。帯留めを合わせ、思いきり斜めに結んでもすてき。

足元は柄足袋でトータルコーデ。足袋は一般的に白が多いので、お友だちの目にも留まりやすいアイテム。

●帯

深い紫に一本筋が通った八寸名古屋帯。ハリがあり、シワになりにくいのが嬉しい。単色のシンプルな帯はコーデがしやすいので、いつだって選抜選手。

●帯揚げ

帯と同系色のなす紺の帯揚げ。一点一点ハケで手染めされている職人こだわりの美しい一品。きものを織るのと同じ織機で作られているので目が細かく、美しく結ぶことができます。ぼかしはコーディネートの妖艶さをアップしてくれる効果も。どの色を出すかは気分次第。

TIPS 31

更紗の小紋に名古屋帯、ワンピ感覚で大人の映画館デート

更紗の小紋とポイント柄の名古屋帯は名コンビ。黒の帯に、さらに黒の帯揚げを加えたことで幅出しと引き締めの2つの効果を生み出しています。

◀カジュアル　フォーマル▶

1	2	3	4	5

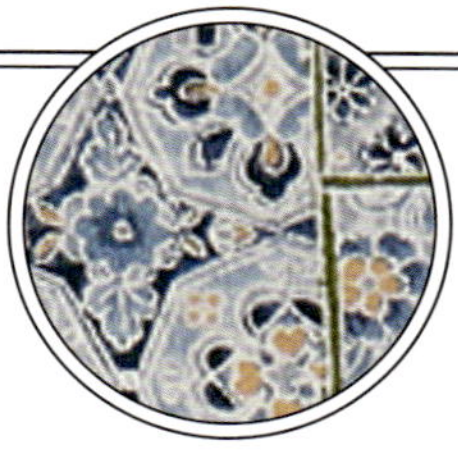

「更紗文様」はシルクロードを渡ってインド、ジャワ、ペルシャなどから伝わった染木綿布を思わせる絵柄のこと。草花柄や動物柄もあります。日本では和更紗として発展しました。

黒地に絵画チックな柄の織り帯を、映画のスクリーンになぞらえて。キャンバスに見立てて、ギャラリーにも。

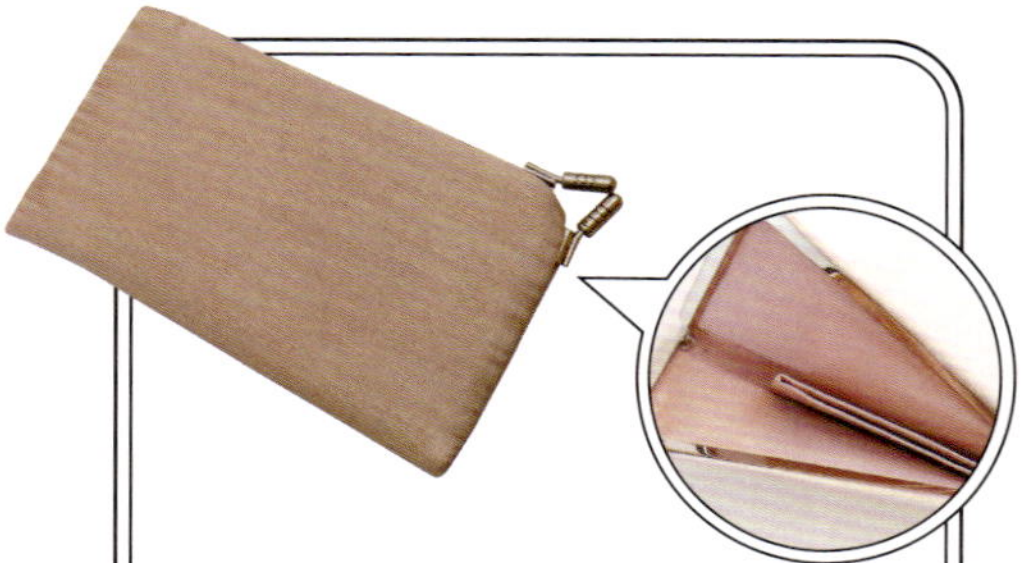

映画鑑賞には、チケットとお金だけ、さっと袂《たもと》に入れて出かけられる、紅鶴《フラミンゴ》ウォレットが便利です。

トランプ柄の帯揚げに、ピーコックグリーンの帯締めで洋風コーデ。帯締めのグレーの房が大人な雰囲気に。

季節やシーンに合わせて帯を変えてみて！

更紗の小紋は基本的にカジュアル感が強めのものが多いので、半幅帯を合わせて気軽に着ても OK。そのときは帯締めや帯揚げを加えて、きものっぽさを強調してみてください。また、ハロウィンコーデ（P.124）の帯を合わせれば、やさしいイメージに。更紗の小紋を大人っぽく着こなすポイントは、無地場がある帯を選ぶこと。柄の引き算で、すっきりおしゃれにまとまります。

TIPS 32

無地のきものはこう崩す！帯が主役のコーデで水族館へ

鉄紺《てっこん》の紗の紋なし色無地に、
八寸名古屋帯を合わせてカジュアルダウン。
小物で思い切りおしゃれを楽しむのがきもの通。
あなたはどのモチーフを合わせたい？

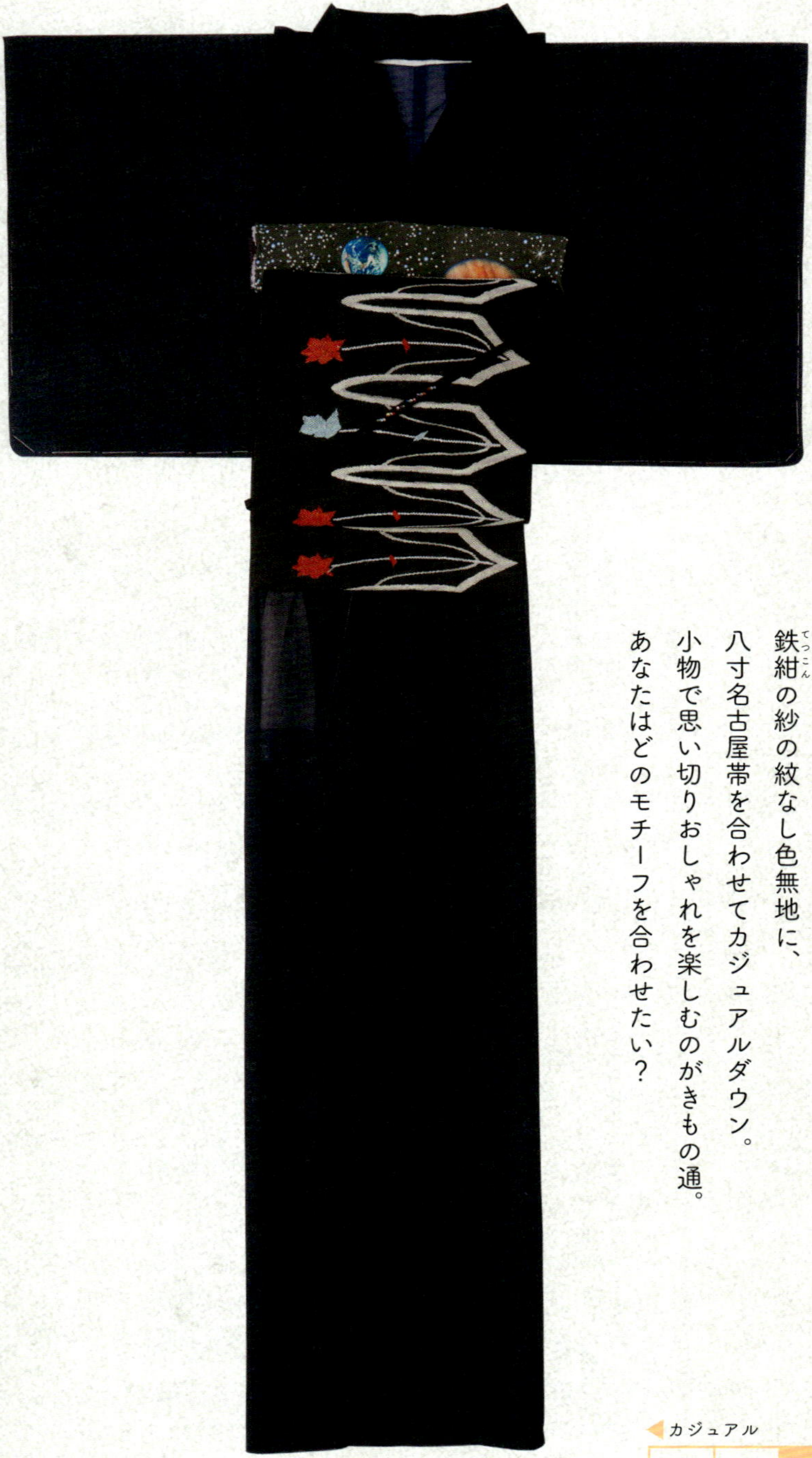

紋なし色無地（絹・単衣）

名古屋帯

カジュアル				フォーマル
1	2	3	4	5

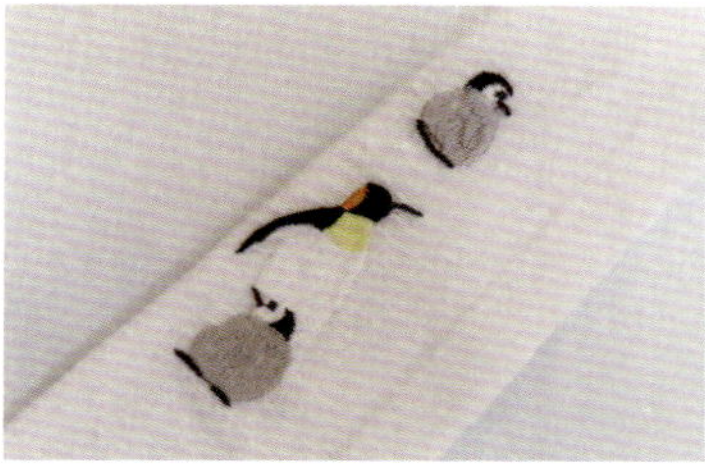

ペンギン柄の刺繍半衿。ファスナーで付け替えできるので、縫い付ける手間がかからず、とても便利です。

平安時代から伝わる染色技法、墨流しの半衿を合わせれば、さらに独特のムードを演出できます。

こちらのコーデは色襦袢を合わせて9月～10月前半に。色共帯を合わせれば、夏の法事にも着用可能。

インパクトとかわいらしさを兼ね備えた抽象柄。八寸名古屋帯の着用時期は、単衣の季節が最適です。

写真の珊瑚《さんご》の帯留めはイルカの形。やさしい色味がコーディネートを和らげてくれるアイテムです。

海は広大で神秘的。その魅力を宇宙柄の帯揚げで表現しました。クラゲの水槽を彷彿《ほうふつ》とさせる個性的な一点。

TIPS 33

全身を秋色に包んで あの人と行きたい紅葉狩り

小紋（正絹・袷）

しゃれ袋帯

鼓《つづみ》の小紋に雲のしゃれ袋帯を合わせました。大人っぽくしたい場合は、小物を焦茶のものに差し替えると同じ組み合わせでも、グッと締まります。

◀カジュアル　フォーマル▶

1	2	3	4	5

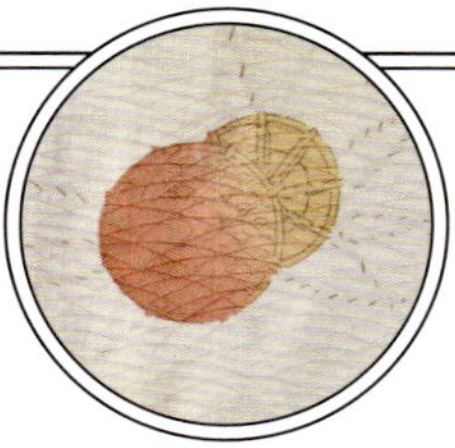

和楽器である「鼓」は、音が鳴ることから「実がなる」ことにかけて、豊作や成功を表す吉祥文様です。ほかの楽器と組み合わせて楽器尽くしにしたり、草花を添えて表現することも。

ワントーンですっきりコーデ

きものと帯、帯揚げ、帯締めを同系色にすると、都会的なイメージに。同系色コーデは、どちらかというと関東好み。関西では帯を補色にしてコントラストをはっきりとさせる方が好まれ、地域によっても特徴が。

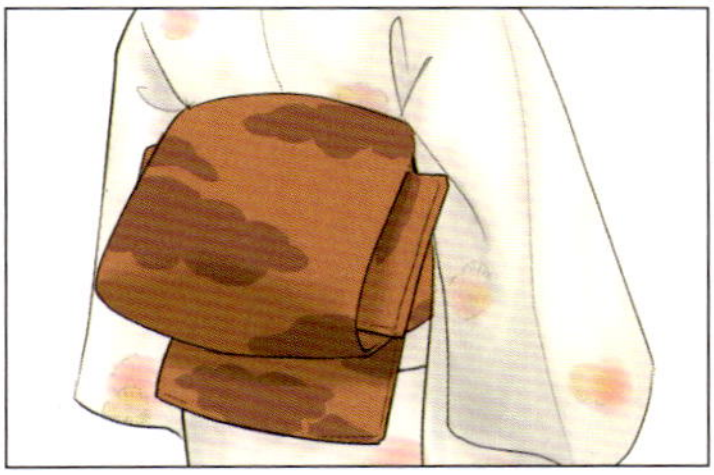

小紋に二重太鼓はちょっと仰々しいと思ったら、銀座結びがおすすめ。長い帯ならぽってりと理想の形に。

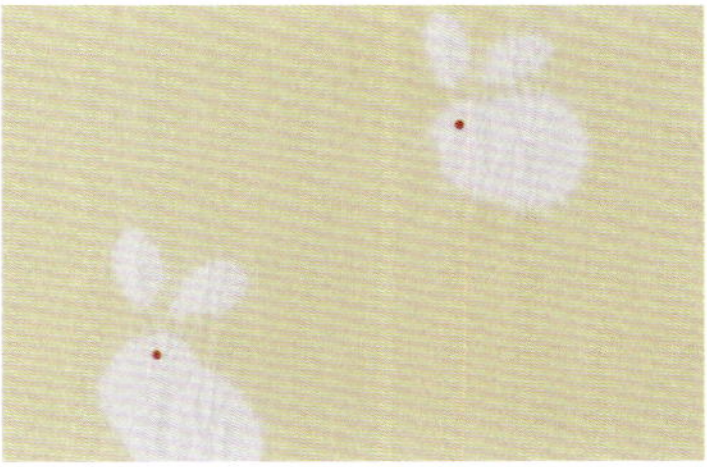

鮮やかなイエローで、全体を若々しくしてくれる帯揚げ。描かれているうさぎは、秋を彩る隠れモチーフです。

雲文は季節を選ばず合わせやすい！

「雲文《うんもん》」は季節に関係なく着用できる柄で、さまざまに図案化されています。おめでたいことが起こる前兆として現れる雲「瑞雲《ずいうん》」は吉祥文様。こちらの帯はシンプルな雲文で、きものの柄を選ばず合わせやすい帯です。

冬に和楽器鑑賞に行くときには、P.148の槍梅《やりうめ》の帯で。補色関係で相性がよく、表情が大きく変わります。

TIPS 34

秋の庭園は、その色彩を邪魔しない美しいグラデーションコーデで

小紋（紬・袷）

名古屋帯

蚊絣《かがすり》で緻密に縦縞を表現した紬は、
シワになりにくいのでよく動く日にもってこい。
グレーの濃淡が美しい、
相良《さがら》刺繍の名古屋帯を合わせました。

◀カジュアル　フォーマル▶

1	2	3	4	5

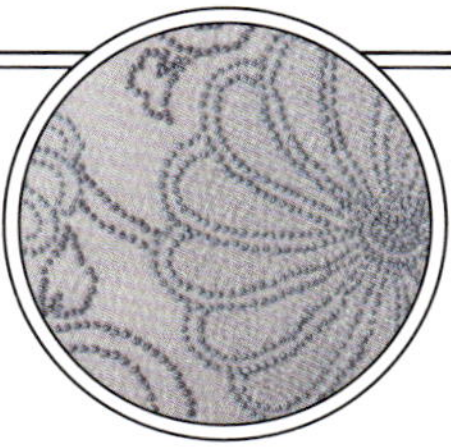

帯は相良刺繍という玉結びの技法で菊唐草を表したもの。中国三大刺繍の一つで、機械ではできないといわれています。刺繍の帯は染め、織りどちらのきものにも合わせられます。

美しい絣模様は まさに憧れのきもの

細かい十字の絣は「蚊絣」といいます。絣とは織りものの技法で、あらかじめ染めた色糸を柄が出るように精密に織ってできるもの。途方もない作業で、熟練の職人が数か月かけて一着を織り上げます。

お正月コーデ（P.146）の小物を合わせると、八掛に視線が集中して、きものの魅力もぐんと広がります。

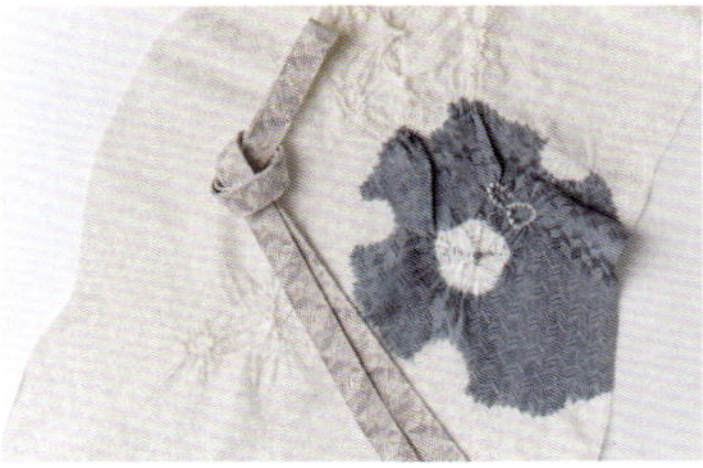

帯揚げは雪《ゆき》輪《わ》の絞り。きものも帯も小物もすべてモノトーン。あえて色を加えない渋コーデの完成です。

シンプルな紬はコーディネートのしやすさも魅力！

クリスマスコーデ（P.144）の帯でカッコかわいく。八掛のワインレッドが唯一のクリスマスカラーになる、おしゃれ度MAXのコーデです。

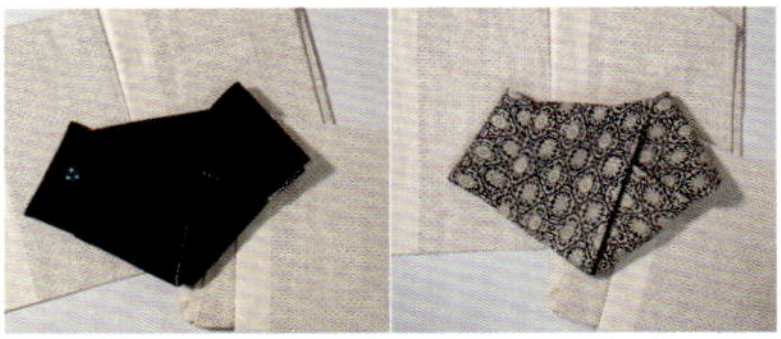

喫茶店コーデ（P.54）の半幅帯を、シャキッと貝の口にするのもカッコいい。帯留めで柄を加えると◎。リバーシブルなら、帯の両面が見える結び方もおすすめ。

TIPS 35

赤ちゃんが主役のお宮参りは やさしい色合いにめでたい柄で

お宮参りとは、生後1か月ごろに初めて氏神さまにお参りする伝統行事。無事に誕生した感謝と健やかな成長を願って晴れやかなきものと、おめでたい帯でお参りを。

紋付き色無地（正絹・袷）

袋帯

カジュアル　　フォーマル

1	2	3	4	5

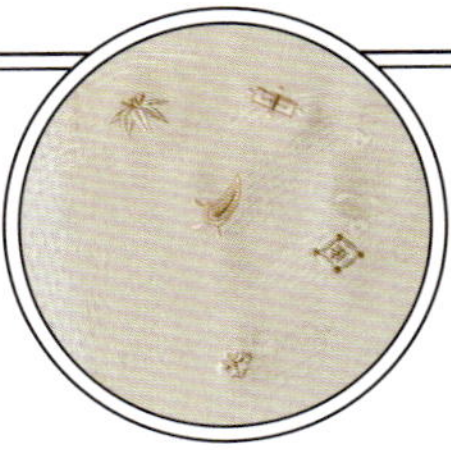

「宝尽くし」は宝物を集めた文様。身を守る隠れ蓑《みの》、願いを叶える打出の小槌《こづち》、知恵を授ける宝巻《ほうかん》などの代表的な図柄に、ほかの吉祥文様を組み合わせて用いられることもあります。

家紋にはルールがなく自由に身につけられます

こちらの色無地には尻合わせ三つ葵《あおい》紋が入っています。実は家紋には明確な規則がありません。受け継がれてきた家紋を大切に使っても、気に入ったきものに入っていた紋を縁として身につけるのも OK です。

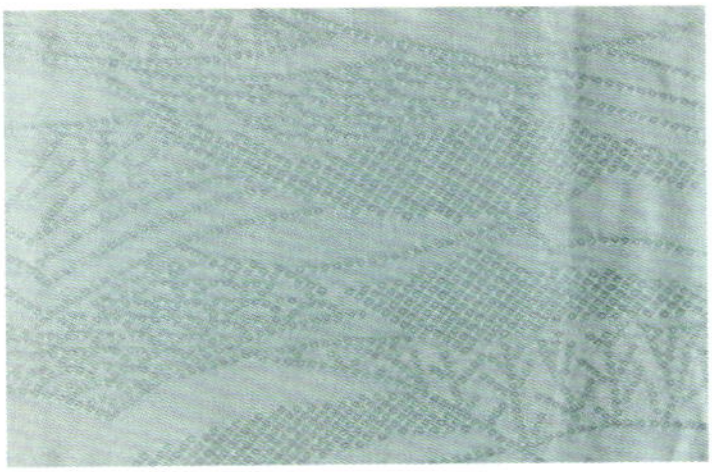

吉祥文とは縁起のいい柄のこと。松竹梅、宝尽くし、束ね熨斗《のし》などがあります。この色無地の地紋は波文。

●帯揚げ

おめでたい宝尽くしの刺繍入り。帯と同系色にすることで都会的で洗練された雰囲気に。さらに幅出し効果でバランス UP。

●帯締め

水色トーンの高級感ある組みのものを選びました。

●帯

花筏《はないかだ》の優美な袋帯。花筏は季節にとらわれず身につけられる古典文様です。牡丹、藤、菊などの四季草花が、大切な日に華を添えてくれます。

産着《うぶぎ》は赤ちゃんを抱っこした状態で前から当て、お太鼓の上で結んで。詳しくは「すなおの着物チャンネル」で。

TIPS 36

鹿柄の帯を見つけたら、きもので奈良旅行に出かけましょ

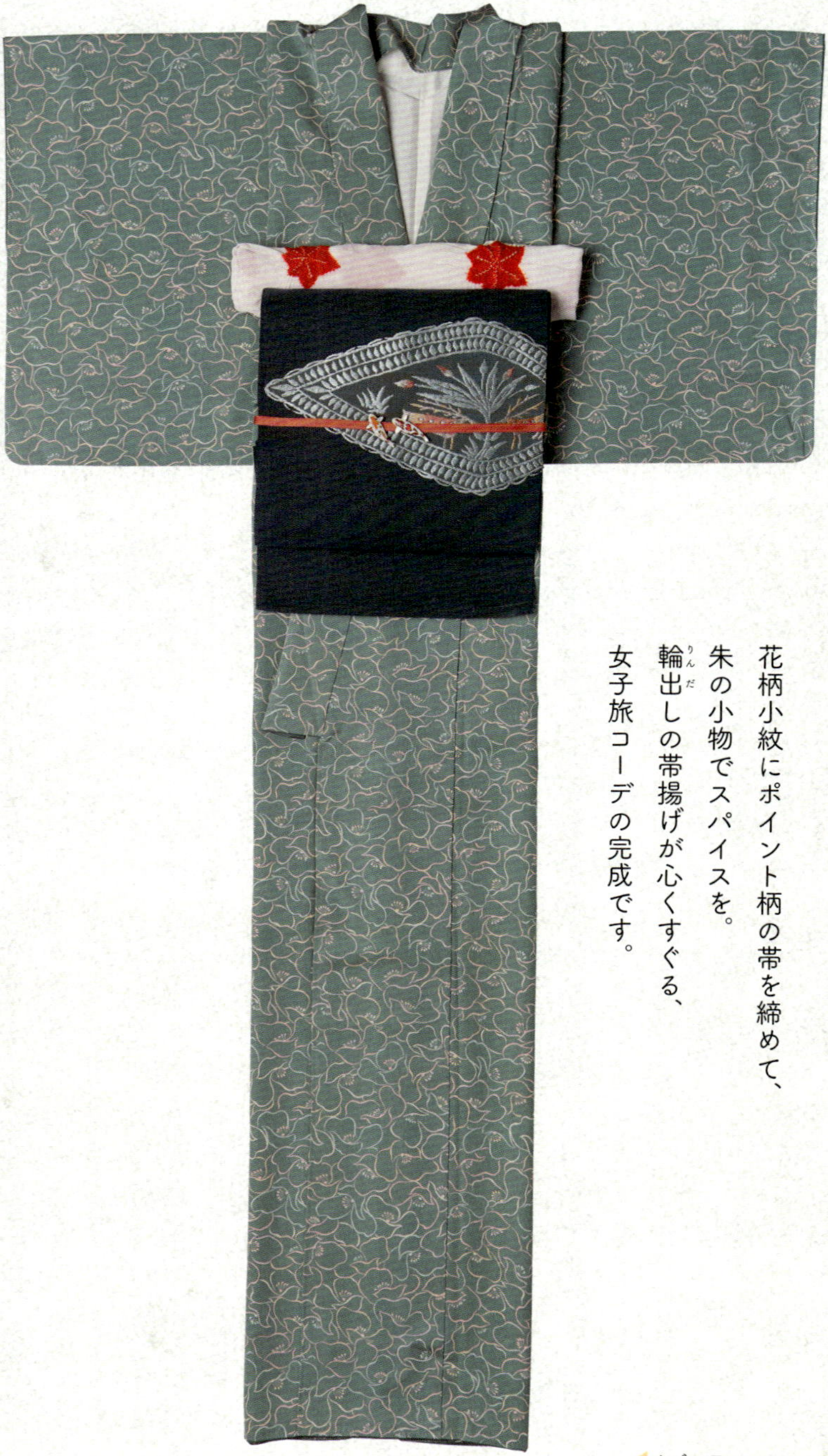

小紋（正絹・袷）

名古屋帯

花柄小紋にポイント柄の帯を締めて、朱の小物でスパイスを。輪《りん》出《だ》しの帯揚げが心くすぐる、女子旅コーデの完成です。

カジュアル				フォーマル
1	2	3	4	5

帯と帯揚げで「鹿に楓」を表現

帯と帯揚げを合わせて「鹿に楓」。平安時代の『古今集』にも詠まれている、秋の趣を表す古典的な組み合わせを表現しました。鹿は、福禄寿《ふくろくじゅ》の「禄」と同音のため、吉祥文様として長寿のシンボルとされています。

抽象花の小紋はたっぷり楽しめます

柔らかい曲線で描かれているのは抽象花。季節が限定されないよう、色や葉を明確にしていないので、袷《あわせ》の時期いっぱい帯を変えてたっぷりと楽しめるきものです。多色使いでいろいろな帯が合わせられます。

ハロウィンコーデ（P.124）の名古屋帯を合わせてもすてき。白やクリーム地の帯は相手を選ばない万能色。

帯締め

朱色の三分紐を使用しました。三分紐とは、幅が約９mmの細い紐で、通年使用が可能です。帯留めを通して個性豊かな組み合わせが楽しめるのも魅力です。幅が狭いので、色の主張も控えめになります。

帯留め

日本の伝統工芸品、有線七宝焼きの帯留め。錦鯉の朱は、今回のコーディネートのポイントカラーになっています。ブローチや箸置きなどで、きものに合いそうなモチーフがあれば帯留めに加工するのもおすすめ。きものコーデの楽しみが倍増します。

旅行に行くときは帯も軽量化！

旅行の際には、なるべく荷物を減らしたいもの。帯は軽量の八寸名古屋帯や半幅帯を選ぶと便利です。今回の小紋のように、合わせやすく、着回しやすいきものも旅行の心強い味方になってくれます。

TIPS
37

お茶会に参加の機会があるなら 染め抜き紋の色無地は必需品

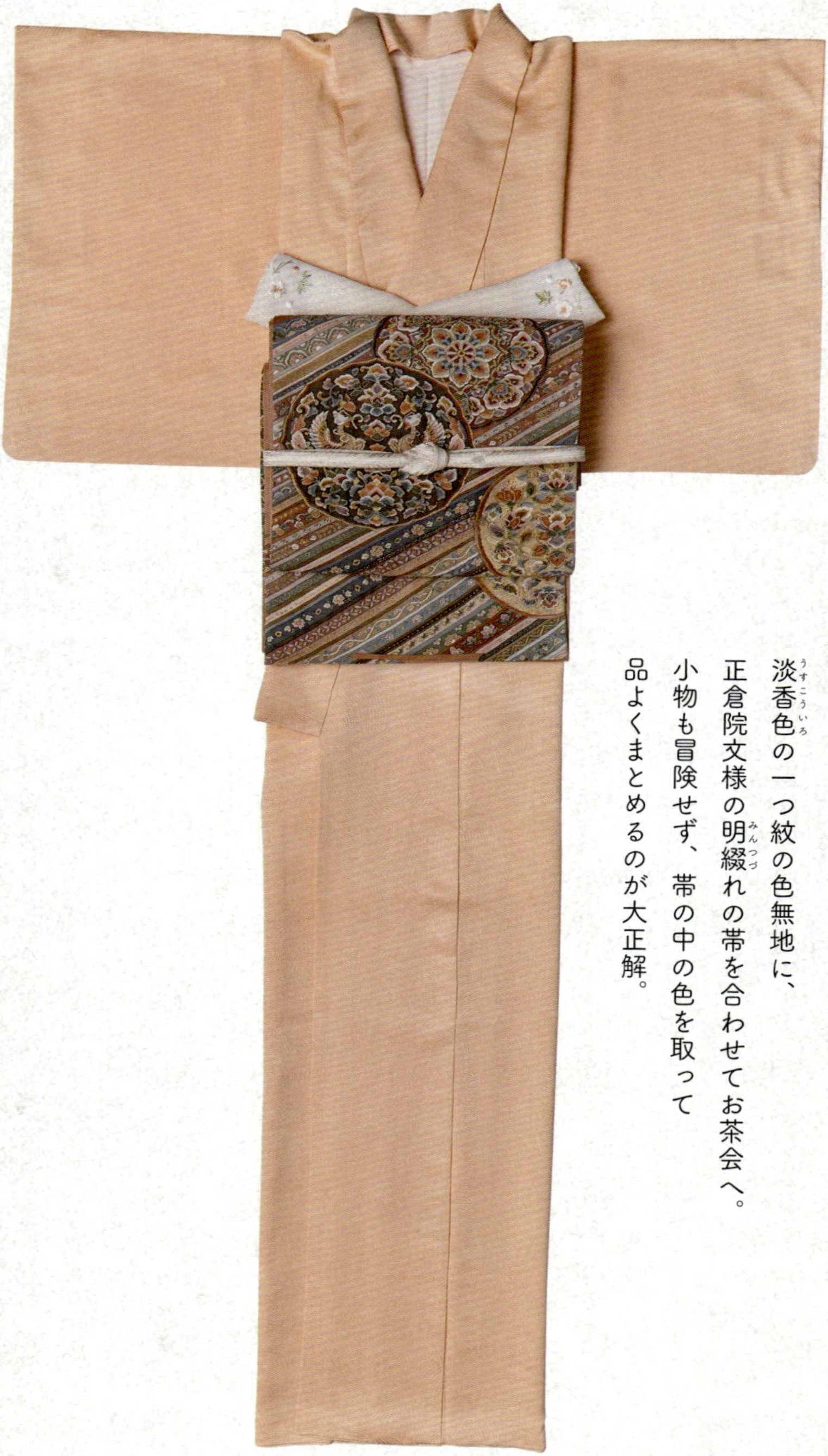

紋付き色無地（正絹・袷）

袋帯

淡香色《うすこういろ》の一つ紋の色無地に、正倉院文様の明綴《みんつづ》れの帯を合わせてお茶会へ。小物も冒険せず、帯の中の色を取って品よくまとめるのが大正解。

◀カジュアル　　フォーマル▶

1	2	3	4	5

「宝相《ほうそう》華《げ》」は華麗な花文様という意味。牡丹や芙蓉《ふよう》などさまざまな花の美しい部分だけを組み合わせた永遠に枯れない想像上の意匠で、正倉院文様を代表するモチーフの一つです。

立浪の地紋がリズミカルに配置され、生地の美しさも最高の一着。波文《なみもん》は季節を限定せず、慶事に重宝。

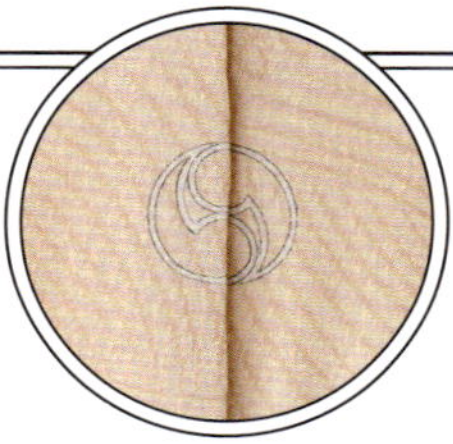

右二つ巴の抜き紋。巴《ともえ》とは勾玉《まがたま》や水滴のような形の文様で、中国や中央アジアでも似た文様が見られます。日本では、さまざまな形で家紋に用いられて発展しました。

明綴れ織りの珍しい袋帯。向かい鳳《ほう》凰《おう》と華紋が、たくさんの色糸で表され、斜めに走る更紗柄も美しい。

お茶会には色無地や古典柄の訪問着、附下で

お茶会には、色無地のほかに訪問着や附下などのきものが好まれます。柄はあまりしゃれ感が強いものではなく、吉祥文様などの古典柄が無難。利《り》休《きゅう》バッグ（詳しくはP.155へ）を合わせて品よく仕上げ、敬意を表して。

記念日ディナー（P.102）のきものと今回の袋帯を合わせてオペラ鑑賞。ドレスのような装いに変わります。

TIPS 38

紅葉の小紋に身を包んで芸術の秋を満喫する美術館巡り

紅葉《もみじ》の小紋に短冊取りのしゃれ袋帯を合わせて
知的な大人のコーディネートに。
帯揚げと帯締めの色が
きものの中にあるグレーを引き立てます。

小紋（正絹・袷）

しゃれ袋帯

カジュアル				フォーマル
1	2	3	4	5

「蔦《つた》」文様は、ツルを伸ばして繁栄するという意味で縁起がよい吉祥文様。平安時代から愛されてきた文様で、同じ意味合いで形もよく似た文様の一つに「葡萄《ぶどう》」文様があります。

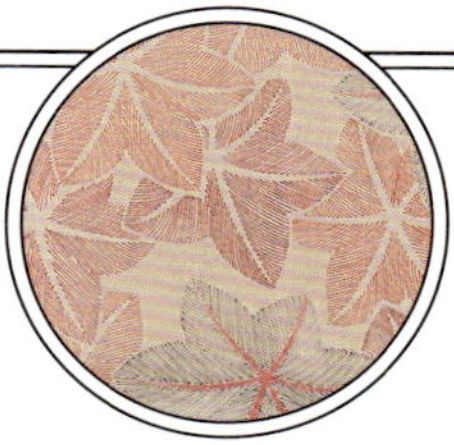

楓の葉が紅葉したものを「紅葉」と呼びます。秋を表す文様ですが、桜と組み合わせた桜楓《おうふう》文様もきものによく使われます。そのほか、流水や鹿との組み合わせも多く見られます。

和歌や俳句を書く厚紙が文様化された「短冊取り」の帯。この柄から物語性が生まれ、コーデにメリハリが。

帯の色と柄で完成する和歌コーデ

流水に赤く染まった紅葉を組み合わせた文様を「竜《たつ》田《た》川《がわ》」と呼びます。帯の色を流水に、短冊取りを和歌に見立て、紅葉柄の小紋を使って『古今集』にも詠まれた「竜田川」を表したコーディネートに仕上げました。

はんなり静かにきものでの美術館巡り

美術館には柔らかもの(絹の染めもの)がとてもよく合います。ゆっくり歩きながら楽しむ美術品からは、新たなインスピレーションと癒しをもらって。草履は足音が静かなので、きもので訪れるには最適のシーンです。

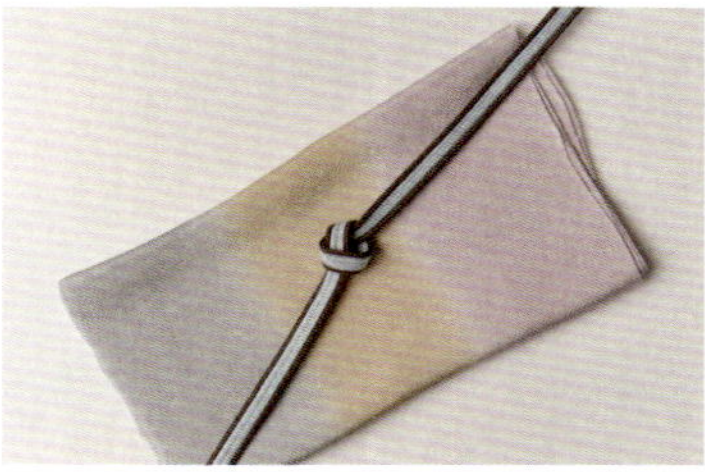

三色ぼかしの帯揚げのグレーを出しました。ほかの色も合うので気分で変えて。帯締めはチョコミント色。

TIPS 39

ちょっと変わった柄の小紋で ハロウィン・パーティ！

陽気にダンスをしている小紋は、ちょうどかぼちゃ色。
抽象柄の帯に、オレンジの秋色小物をコーディネート。
ハズしすぎない、大人のハロウィンコーデの完成です。

小紋（絹・袷）

名古屋帯

カジュアル				フォーマル
1	2	3	4	5

抽象柄の帯は合わせやすさ抜群。個性的なきものも見事に引き立ててくれます。白地を持っておくと便利。

帯や小物はそのまま、きものを植物園コーデ（P.104）に変えても、すてきなハロウィンコーデになります。

ハロウィンは、きものを着たいとっておきの日。かぼちゃやコウモリの柄を帯留めでコーデに取り入れても。

人々が踊っている、珍しい柄の小紋。多色使いなので帯合わせは無限大。野菜のような色合わせや、絶妙な柄の大きさがグッときてしまうかわいらしさがいっぱいのきものです。

●帯揚げ

七宝文様の帯揚げ。七宝は「輪《わ》違《ちが》い」とも呼ばれ、正倉院裂《しょうそういんぎれ》にも見られる、伝統的な有職文様です。

●帯締め

カラフルな色使いの帯締めは合わせるのが難しく、眠らせてしまいがちなアイテム。そんなときは同じ色が使われているきものがないか探索してみて。意外と同じようにカラフルな小紋と相性がよいので、試す価値あり。手持ちの帯締め一本一本を大切に、余すことなく活用しましょう。

着られなくなったきものが蘇る

きものWAKE UP! Part 3

Technique

仕立て替え

きものの種類を変えたり、帯にしたり、形を変えて受け継ぎます。

1 袷の小紋を単衣に！

Before

After

胴裏、八掛などシミが目立つところがなくなり、きれいになりました。

2 紬の訪問着を単衣に！

Before

After

裾の擦り切れた部分は折り込んできれいお直し。

3 羽織と道行を半幅帯に！

After

それぞれの布を使ってリバーシブルにしています。生地同士の相性や帯芯の硬さで締めやすさも変わります。

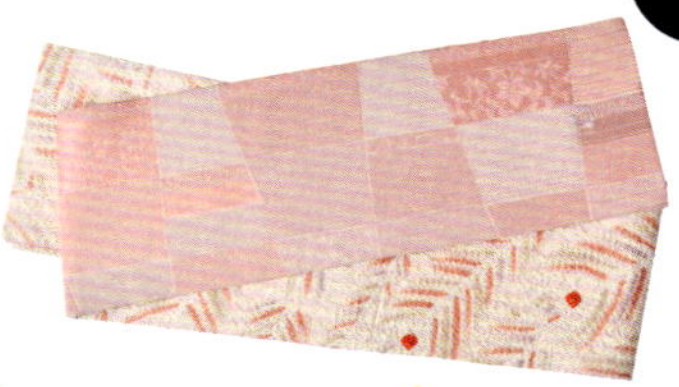

Before

4 小紋を名古屋帯に！

Before

After

5 振袖を訪問着に！

After

切った袖は小物に再利用することもできます。

6 男性用アンサンブルを長羽織と半幅帯に！

Before

After

Technique

シミ抜き

生地をいたわりながら丁寧にシミを取り、新品のように蘇らせます。

1 訪問着を美しく、より豪華に！

丁寧に作業を行う中、生地を傷めるリスクがあり、どうしてもシミが取りきれないことも。そんなときは金彩加工をプラス。最適な材料で最も効果的な配置をするのはまさに職人技。

シミ抜きを手掛けたのは…

10年先を予測する磨き上げられた職人技

シミ抜き　仲川洋さん

シミ抜きは、5年後10年後に初めて良し悪しがわかるといわれる難しい技。強い薬剤を使えば当然見た目はきれいになりますが、生地を傷めたり、数年後により広範囲のシミとなって浮かび上がってきたりすることもあります。

シミの種類もさまざまで、油汚れなのか水シミなのかタンパク質なのかなどによって、選ぶ薬剤もシミ抜きの方法も変わります。中には直径1㎝のシミに1週間かけ、手入れと水洗いを繰り返すことも。

試行錯誤をし続け、生地のことを知り尽くす職人だからこそ、きものをいたわりながら蘇らせることができるのです。

第5章

寒さにも負けない！

冬のコーディネート

サンタクロース

クリスマスには絶対身につけたい、季節限定モチーフのサンタクロース。

梅

厳しい寒さの中でどの花よりも早く咲き始める梅は縁起のいい吉祥文様。

若松

枝先に新芽が付いた若松は、新年にぴったりのおめでたい吉祥文様です。

TIPS 40

渋い縞きもので憧れの歌舞伎鑑賞へ！

よろけ縞のきものに
丸帯を仕立て替えた京袋帯を合わせて
自分自身も
歌舞伎の世界にタイムスリップ！

カジュアル ◀ ▶ フォーマル

1	2	3	4	5

和紙をちぎって貼り合わせたような文様を「道長《みちなが》取《ど》り」と呼びます。藤原道長が好んで使ったことから、その名が付いたといわれています。格が高いきものや帯によく使われます。

重たい丸帯を仕立て替えて京袋帯に

こちらの帯は丸帯で、とても重く珍しい品でした。色柄が控えめでふだん使いしやすそうだったので、きれいに解いて京袋帯に仕立て替え。軽くて合わせやすい帯に生まれ変わり、時代を超えて受け継がれていきます。

帯だけ変えても
イメージが
変わります

八掛の色はコーデ時に絶対に把握しておきたい。帯揚げと同色にすれば、袖口から覗《のぞ》く色と美しく調和します。

歌舞伎の帯コレクション。左は勧進《かんじん》帳《ちょう》がテーマの素描き。右は見《み》得《え》を切る様子が楽しいデニム生地。

TIPS 41

寒さが和らいだ日にはお気に入りの小紋で古着屋巡り

まるで碁盤の目に赤い印を付けた地図暗号のようなおもしろい柄行の小紋。コーデは黒・赤・水色の3色で仕上げました。色数を3色に抑えることで、全体がまとまります。

小紋（正絹・袷）

名古屋帯

◀カジュアル　フォーマル▶

1	2	3	4	5

帯揚げ

小物をモノトーンでまとめてもすてきなのですが、せっかくのカジュアル着なので、もう一色プラスして自分好みに寄せましょう。少しくすんだ水色が入ったこちらの帯揚げは、ポップになりすぎずにちょうどいい色合いです。

帯締め

左右の色が違う帯締め。このようなアイテムは、ポイントにしたい色が自分の左側に来るように着付けをするのが基本です。

多彩なコーデが楽しめる黒地の小紋

現代アートのような手描き風格子《こうし》文様の小紋。朱色のアクセントが効いた黒地で、コーディネート次第でカッコよくもかわいくも着られるお茶目な一着です。今回は銀彩がキラリと光る、名古屋帯を合わせました。

花の種類が特定できないようにデフォルメされた柄を、今回は香り豊かな沈《じん》丁《ちょう》花《げ》に見立てて冬に着用しました。

着回し万能小紋の実力をちょっぴりご紹介！

クルージングコーデ（P.78）の帯を合わせてカッコいい雰囲気に。

居酒屋コーデ（P.106）の帯を合わせれば、大正ロマンのイメージに。

TIPS 42

紬に大きな椿の帯で レトロかわいい大正ロマン

縦に伸びるよろけ縞は
スタイルよく見せてくれる優れた柄です。
インパクト大の椿の帯で
大正ロマンの世界に誘って。

カジュアル				フォーマル
1	2	3	4	5

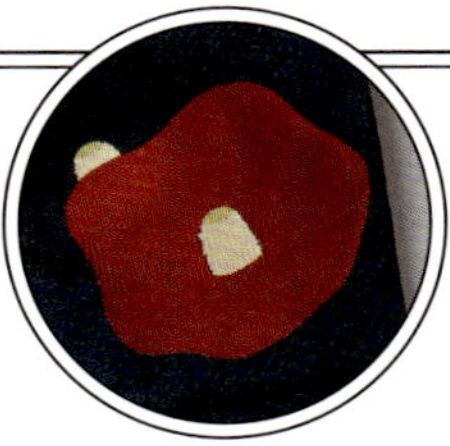

ぽてっと丸みを帯びた椿を「光琳椿《こうりんつばき》」と呼びます。デフォルメされているので、季節を問わずに着用できますが、開花を意識してつぼみの時期に楽しむのがおすすめです。

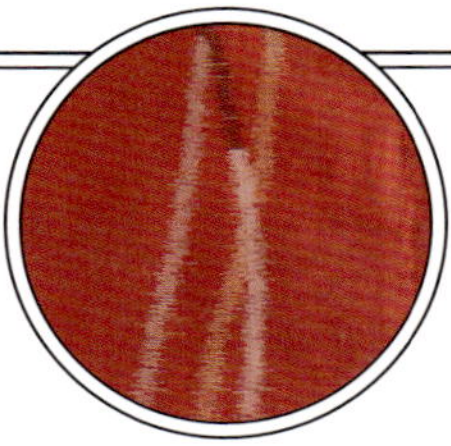

絣文様の「よろけ縞《じま》」で、文字通り、縞がよろけたように表された柄。直線の縞よりも柔和な印象になります。特殊な筬《おさ》で不規則な揺れを表した味わい深さが魅力。別名「ひさご縞」。

ベルベットの足袋や羽織、ショールで防寒を

足元はあったかいベルベット素材の足袋がドンピシャで似合います。柄物の羽織やショールを合わせれば、ちょっとそこまでのお出かけにぴったりのコーディネートに。日常にきものを取り入れてみたい方におすすめ！

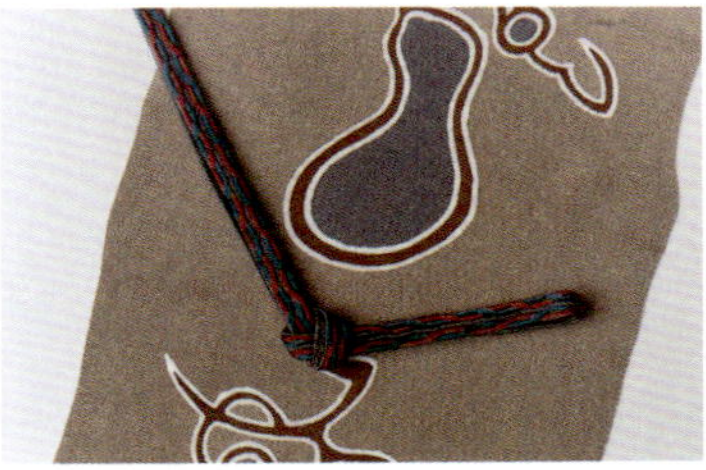

きもののひさご縞にかけて、帯揚げは瓢箪《ひょうたん》柄。帯締めは三分紐で思い切りカジュアルコーデを楽しんでも◎。

ライブコーデ（P.136）のきものに椿の帯を合わせれば、絵画から出てきたようなレトロコーデの完成です。

山吹茶色《やまぶきちゃいろ》の半幅帯を合わせて、お水屋仕事コーデ。きものの縞柄がさらに引き立つコーディネートです。

TIPS 43

ウールのアンサンブルで個性弾けるライブ参戦！

ビビッドカラーが楽しいウールのアンサンブルに、博多献上の名古屋帯を合わせました。どちらもレトロなアイテムですが、羽織紐の色や履き物で個性を出して新鮮に。

小紋（ウール・単衣）

名古屋帯

※名古屋帯は仕立て前のものを撮影に使用したので柄が縦になっていますが、実際は横向きに柄が出ます

◀カジュアル　フォーマル▶

1	2	3	4	5

八角形と正方形をつなぎ合わせた文様を蜀江《しょっこう》といいます。文様が破れたようになったものを「破れ××」と呼び、こちらはところどころ破れたようになっている「破れ蜀江」です。

レトロ感が魅力のアンサンブル

きものと羽織を同じ生地で作ったものをアンサンブルといいます。現代ではほとんど作られていないため、とてもレトロなイメージ。気軽に着られるカジュアルなきものなので、コーデも自由自在に楽しめます。

博多献上帯は締め心地が魅力

博多献上帯は、心地よい締め心地で緩みにくいのが魅力。「動くきもの」には最適な帯です。帯締めや帯揚げを使わず引き抜き結びにすれば、まるで江戸時代にタイムスリップしたような着姿になります。

きものの中のビビッドブルーと同色の羽織紐にしてもすてき。大切なパーツの一つなのでこだわって。

帯結びが不安なときは半幅帯が強い味方！

帯の結び方が不安でも、羽織があればひと安心。もしも名古屋帯に自信がなかったら、半幅帯からチャレンジしてみて。浴衣用の帯があれば出してみましょう。カルタ結びが最も簡単で解けないのでおすすめです。

足元はブーツやスニーカーでも◎

ウールのアンサンブルでライブに行くなら、足元は歩きやすいブーツやスニーカーでも楽しい。少し短めに着付けるとバランスがよくなります。カジュアルでアンティークなきものならではの自由な着こなしを！

TIPS 44

夜のバーは、縞のきもので ゆるくカッコよく

小紋（ウール・単衣）

名古屋帯

グレー地のウールきものに、
ほっこりあたたかな風合いの名古屋帯を締めてバーへ。
銀座結びで姐さんぽく、
夜の街に繰り出してみるのはいかが？

◀カジュアル　フォーマル▶

1	2	3	4	5

コーデのテーマに合ったワイン刺繍の半衿を合わせれば、それだけで楽しい会話の糸口が生まれます。

グレー×オレンジの珍しい縞柄が魅力

縞柄がときどき横にもつながる、遊び心あふれる幾何学模様。グレー地が珍しく、すっきりカッコよく着こなしたいきものです。季節を選ばず着用できる抽象柄の帯を合わせたすっきりコーデです。

帯は、お料理コーデ（P.100）のきものにもよく合います。ガラッと印象が変わって、優しい雰囲気に。

縞のきものは大人の夜にぴったり

大人っぽい夜コーデに、縞のきものはベストマッチ。縞は江戸時代に爆発的な人気を誇り、さまざまな縞文様が生まれました。帯が合わせやすいのも、嬉しい特徴の一つ。手持ちの帯を生かしたコーデを楽しんで。

● 帯揚げ

緩やかな弧線がモダンな帯揚げ。黒と紫とグレーだけだと暗くなりすぎますが、そこに白の細線をキリッと差し込んでいる点が秀逸。

● 帯締め

茶色地の丸ぐけで、房の色にひとめぼれ。ターコイズブルーがチラリと見えた瞬間完成する、こだわりのコーディネートです。細部まで美意識を張りめぐらせて丁寧に着付けたきもの姿は、まるでシンデレラの魔法がかかったよう。今すぐ口角を上げて、ご機嫌でいきましょう。

TIPS 45

ヨーロッパ調の小紋で今日はクラシック・コンサート

ボルドーは大人の色気が際立つ、とっておきのアクセントカラーです。ヨーロッパを思わせる小紋に黒地の帯でドレスのようにおめかし。

小紋（正絹・袷）

名古屋帯

カジュアル				フォーマル
1	2	3	4	5

椿に似ていますが、花びらが散っているため山茶花《さざんか》だと見受けられます。満開になる直前に身につけたい。

ドレス感覚のコーデでヨーロッパ気分！

クラシックコンサートに行くなら、洋風テイストの小紋を選んで。黒地の帯はスタイルをよく見せてくれるので、コルセット風にコーディネートしてみました。補正を入れず、メリハリを効かせた対丈《ついたけ》が気分。

音符の刺繍が入った半衿を合わせてもすてき。左衿にだけ刺繍が現れる、トキメキアイテムです。

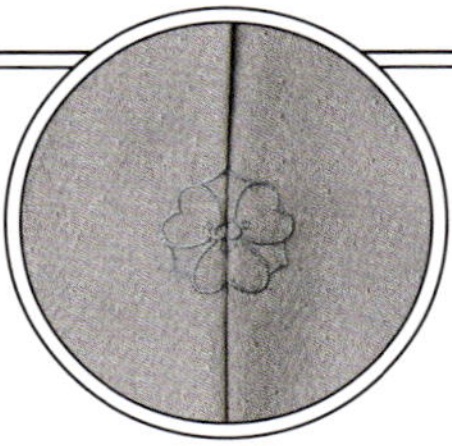

剣片喰《けんかたばみ》の縫紋。カタバミとはハート形の３つの葉が特徴の植物です。繁殖力が高いため家紋として好まれました。剣片喰紋は、剣が上になるよう片喰紋とは上下逆さまになります。

コンサートでは大きめバッグが必須

コンサートでは、プログラムや今後の公演チラシを受け取ることが多いため、たっぷりと入るバッグを用意しておくのがおすすめです。今回のような洋テイストのコーディネートなら、お洋服用の革バッグも相性◎。

きものと帯の両方に入っているボルドーを引き立てるため、同色の小物を。帯締めはピアノの鍵盤のよう。

TIPS 46

落ち着いた附下に身を包み、厳かな気持ちで寺社参拝へ

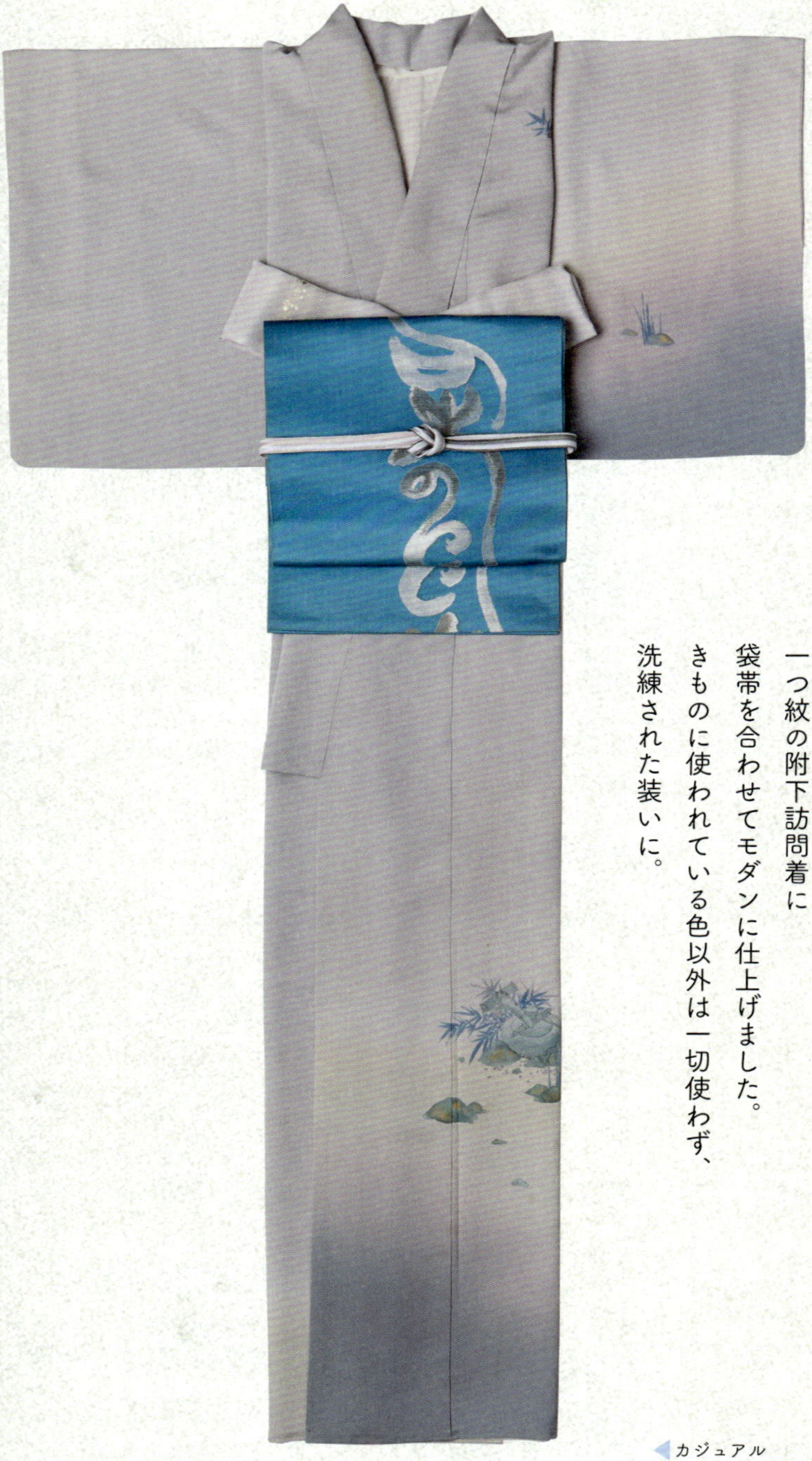

附下（正絹・袷）

袋帯

一つ紋の附下訪問着に袋帯を合わせてモダンに仕上げました。きものに使われている色以外は一切使わず、洗練された装いに。

カジュアル　フォーマル

1	2	3	4	5

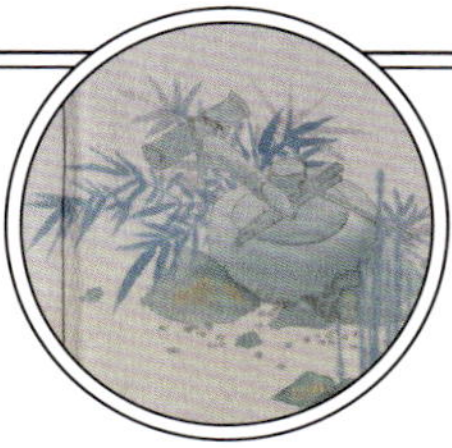

裾模様は、心地よい音が聞こえてきそうな鹿威《ししおど》し。年を重ねるごとに着る人の魅力がさらに引き立つような、落ち着いた色柄で白髪になるまで長く着られるきものです。

寺社参拝へは 一歩控えた装いで

縁起のよい「寿紋」の袋帯を合わせたコーディネート。落ち着いた納戸《なんど》色《いろ》が美しく、静かながらもおめでたい装いになります。仰々しくしたくない、一歩控えた気持ちを表したい日にぴったりです。

訪問着や附下には 塗りの扇子を

もっと改まった雰囲気を表したいときは、扇子を挿してみてください。特に塗りの扇子は訪問着や附下にぴったり。先端が帯から２～３cm出るように、体の左側に後ろへ向かって帯に挿しましょう。

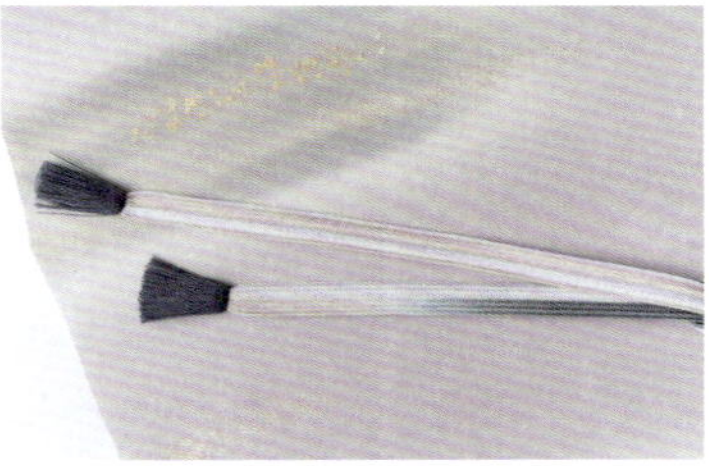

きものが暗めなので、白が入った小物をチョイスして、ふわっとさりげなく、明るさをプラスします。

クリーム地に亀甲《きっこう》文様と松のフォーマル帯を合わせた、お孫さんのお宮参りや結婚式に最適な上品コーデ。

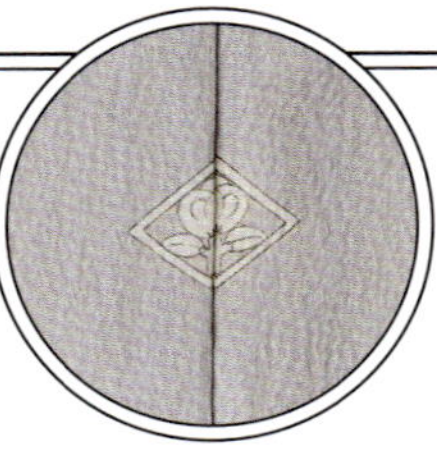

菱に一つ茶《ちゃ》の実《み》紋。橘紋によく似ていますが、葉っぱがないのが特徴です（橘紋は実の後ろに隠れるように３枚の葉があります）。抜き紋なので、格が高いきものになります。

※抜き紋とは、紋の形を白く染め抜く紋のことです。

TIPS 47

サンタ帯と深紅の紬でクリスマス・パーティにGO！

黒共帯を洗い上げてサンタの素描きを施した世界に一つの名古屋帯。自分だけのこだわりを詰め込んで最高に楽しい一日を過ごしましょう。

小紋（紬・袷）

名古屋帯

◀カジュアル				フォーマル▶
1	2	3	4	5

帯揚げには、リボンがちらり。自分を大事にラッピングして、とびきりの笑顔で過ごしましょう。

亀甲と唐草をアレンジしたモダンな図案が魅力的な紬。帯の柄を選ばないので、着回し力抜群です。

帯を主役に
帯締めでシックに

クリスマス柄の帯にクリスマスカラーの小紋、きものと同系色の帯揚げを合わせました。帯締めをベージュにすることでシックな印象に。緑の三分紐にサンタブーツの帯留めなど、思い思いのコーデを楽しんで！

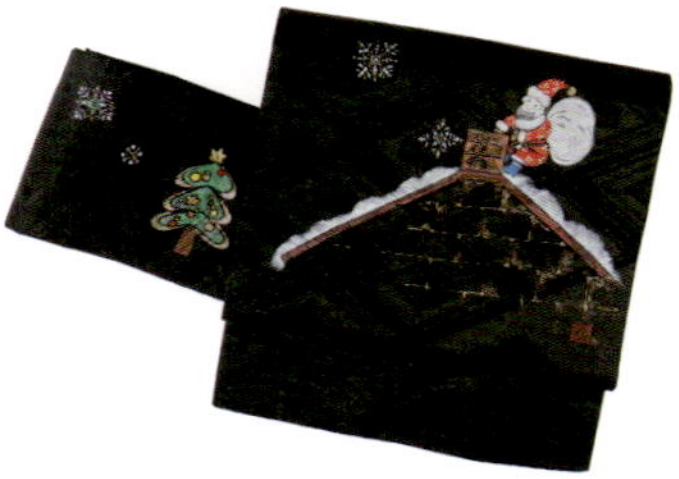

喪服の帯を素描き作家の林博先生がサンタの柄に。前柄はワンポイントなので総柄のきものを邪魔しません。

足元は黒のコード刺繍草履を合わせて。真っ赤な草履ピアス®を付けてクリスマス気分を盛り上げます。

クリスマスは、一年を
締めくくるビッグイベント！

年に一度のクリスマス。とっておきのきもの姿でパーティはいかがですか？　おいしいお食事にプレゼント交換、イルミネーションを楽しんで、すてきな思い出を作りましょう。帯や小物にサンタアイテムを忍ばせて。

TIPS 48

上品な小紋に若松帯できちんと迎えるお正月

改まった気持ちでお正月を迎えたいあなたへ
光沢のある正絹の小紋に、
若松の織り帯を合わせた新春コーデ。
紅白の小物でおめでたさを加えました。

小紋（正絹・袷）

名古屋帯

◀カジュアル　フォーマル▶

1	2	3	4	5

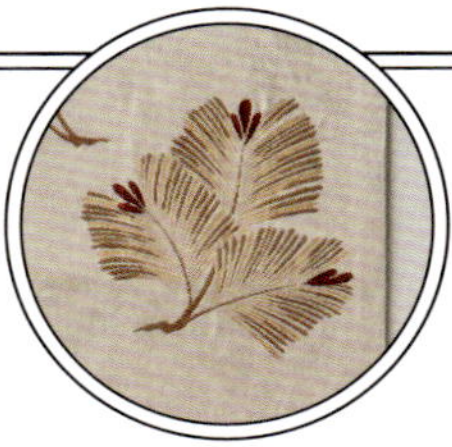

松の枝先に新芽がついている「若松《わかまつ》」文様。若松は芽生えたばかりの松の姿を表しており、こちらは松の芽が赤で表現されていることも含めて、新春を祝う装いに最適です。

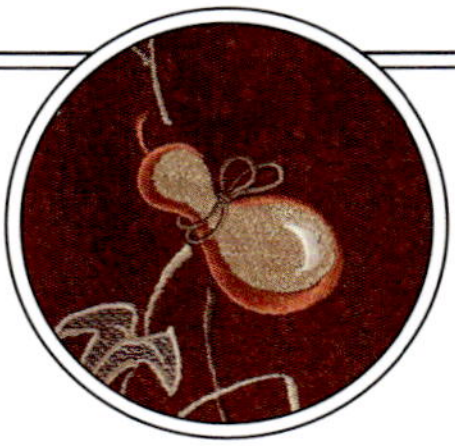

「瓢簞《ひょうたん》」は3つ揃えば「三拍子揃った」という意味の験担《げんかつ》ぎになり、6つなら「無病息災」という意味になるおめでたい文様。こちらの帯揚げには3つの瓢簞が描かれています。

上品な地色に
淡い椿が美しく

冬から春にかけて咲く椿の柄は、お正月にぴったり。ただ、花ごとぽとっと落ちる様子が武士にはよくないと避けられたことも。このきものは光沢のあるグレー地にくすんだ赤丹色《あかにいろ》で、着る人を上品に見せてくれます。

おめでたい雰囲気の紅白コーデに色《いろ》撚房《よりふさ》の帯締め。正統派ながら茶目っ気を添えてくれる優秀アイテム。

京都旅行コーデ（P.92）の紋なし無地紬に若松の帯を合わせたコーデは、料亭でのお食事会などにぴったり。

秋に着るなら、きものの柄を山茶花《さざんか》に見立て、秋の季語の雁の帯（P.56）を合わても、情緒あふれるコーデに。

TIPS 49

初詣は吉祥文様を身につけて新たな年の幸せを祈りましょう

おめでたい扇文の小紋に、お正月にぴったりの槍梅の織り帯を合わせました。扇も梅も、縁起のいい吉祥文様。身も心も軽やかに初詣へ参りましょう。

小紋（正絹・袷）

名古屋帯

カジュアル				フォーマル
1	2	**3**	4	5

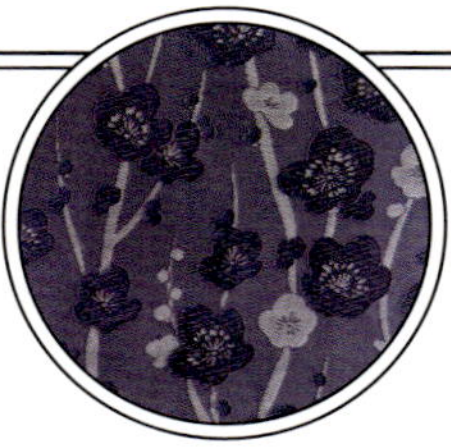

すっと伸びた枝に梅が咲き誇る「槍《やり》梅《うめ》」。最も寒いときに香り高く咲く梅は、逆境に立ち向かう花として尊ばれてきました。枝や葉のある花柄は季節を意識して身につけるとすてき。

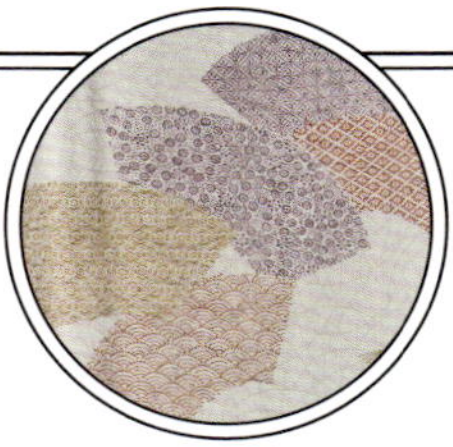

青海《せいがい》波《は》や亀甲などの文様を扇の形の中に詰め込んだ「扇面《せんめん》取り」。こうした、何かの文様を柄の枠にしたものは多く、ほかに道長取り（P.130）や雲取り（P.152）などがあります。

年越し初詣をするなら防寒対策もしっかりと

防寒対策に、マフラーやロング手袋を用意しておくと重宝します。足元も冷えるので足袋インナーを履けば準備万端！　腰回りにカイロを貼ると低温やけどやかぶれの原因になるので、手首足首をあたためる工夫を。

帯と同じ柄の帯揚げ。絞りの梅がお行儀よく並ぶ姿が愛《いと》おしく、どの色を見せるかでイメージも変わります。

きものと帯の着回し３選

博多献上の帯（P.136）に淡藤色の小物を合わせたコーディネートで、文楽劇場へ。

P.114 の相良刺繍の九寸名古屋帯との相性もばっちりです。お扇子屋さんへ。

槍梅の帯は P.138 のウールきものにもぴったり。陶器市へのお出かけに。

TIPS 50

一年の始まりを祝う新年会は振袖を纏って華やかに

振袖を着るシーンは
成人式だけではありません。
振袖で晴々しく一年を始めれば
見る人も思わずにっこり。

カジュアル				フォーマル
1	2	3	4	5

振袖の三大帯結び「ふくら雀」「お文庫」「立て矢」。結び方を変えるだけで振袖のイメージが変化します。

きものと一緒に幸せを願う気持ちを纏う

この振袖には、たくさんの吉祥文様と四季草花が描かれています。宝尽くし、松竹梅、蝶に牡丹、桜、桔梗《ききょう》、藤……。一つひとつ見ていくと、着る人の幸せを願う気持ち、職人たちの息遣いまで聞こえてくるようです。

大王松《だいおうしょう》の刺繍半衿は、母娘兼用で使えます。大王松はマツ属の中で最も葉が長く、40cm 近くになるものも。

帯締めの色を変えるだけでも、甘くかわいくなりました。帯揚げを総絞りの黄色や紫にするのもおすすめです。

振袖は帯ときものが同じでも着回しできます

成人式で着た振袖を新年会に着回すときは、小物だけ変えればイメチェン可能。帯揚げ、帯締め、半衿、重ね衿の色合いをガラッとチェンジ！重ね衿と帯締めを同色にするとまとまりやすいので、一つの目安にして。

帯揚げには宝尽くし、八重の葉桜の刺繍がたっぷり。丸ぐけの帯締めにも宝尽くしの刺繍が入っています。

TIPS 51

一生に一度の成人式だから自分らしく装いたい

翡翠色《ひすいいろ》の振袖に、松竹梅の帯、黒の小物を使った個性的なコーデ。帯揚げのカラフルな宝尽くしは色を加えてくれる優秀なスパイス。

◀カジュアル　フォーマル▶

1	2	3	4	5

振袖の左袖と裾に配置されている細長いものは「鬘帯《かずらおび》」。能装束で女性役となる人物が頭に巻いて背に長く垂らすものです。雅《みやび》な文様として、きものによく用いられます。

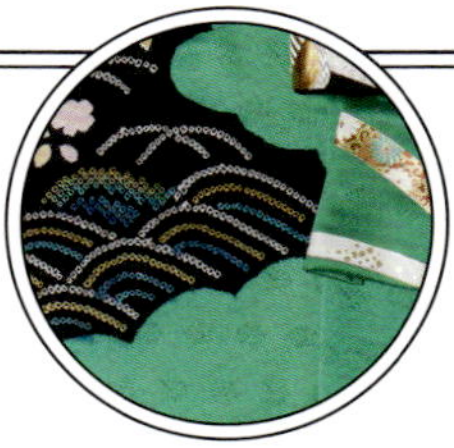

振袖の黒い部分と翡翠色の部分を分けているのが「雲取り」文様。空間にリズム感をもたらしたり、無地場を生かしたりするために効果的に用いられる柄取りの一つです。

半衿は冊子《さっし》文様。さまざまな花が刺繍されていて、中でも流水と杜若はよく組み合わせて使われる古典文様です。

桐は鳳凰が棲《す》む木として尊ばれています。振袖の裾にもこれらが描かれていて、とてもおめでたい一着です。

足元は黒塗りの こっぽり下駄もすてき

大切な晴れ姿は、履き物にもこだわって。裏が大きくくり抜かれた厚底のこっぽり下駄は、舞妓さんが履くイメージが強いかもしれませんが、近年、結婚式や成人式でも人気を博しています。デザインもさまざま。

全体が黒ベースのコーデですが、重ね衿と帯締めにひと工夫。振袖と補色関係になる赤系で揃えました。

TIPS 52

初釜は、紋付き色無地に古典柄袋帯で慎ましく華やかに

茶道の初釜は、新春祝いとお稽古始めの意味があります。礼を尽くして、染めのきものを選びましょう。紋付きの色無地は控えめながらも色合いでおめでたさを演出できるので重宝します。

◀カジュアル　フォーマル▶

1	2	3	4	5

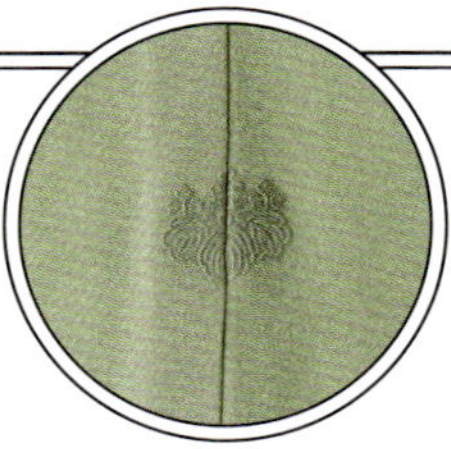

縫い紋は染め抜き紋よりも、ややカジュアルになります。そのため、縫い紋の色無地は、ディナーなどの仰々しくしすぎたくないシーンでも大活躍。今回は袋帯で格上げ。

半衿は塩瀬の白以外に、刺繍入りのものを使っても華やかになるのでおすすめです。ベースの色は白で品よく。

利休バッグとはお茶席でよく使われる便利なフォーマルバッグで、自立して収納力のある形状が特徴です。

帯揚げと帯締めは同系色のセットアップにすると、控えめな印象になるのでお茶席に適しています。

帯次第でいろいろなシーンに対応できます

ゴールドの袋帯に変えると、結婚式のゲストや授賞式出席時の装いに。

しゃれ袋帯を合わせてカジュアルダウン。画廊へ行くときなどにぴったり。

TIPS
53

目立ちすぎない上品コーデで 時の流れを楽しむ同窓会へ

小紋（絹・袷）

名古屋帯

ぱっと見は無地、よく見たら小さな花が型染めされている優秀な小紋。辻ヶ花の名古屋帯を合わせた洗練コーデなら、きもので行ってよかったと思えるはず。

カジュアル				フォーマル
1	2	3	4	5

辻ヶ花の膨れ織りの帯。白やシルバーの帯は合わせやすく、主役も引き立て役もこなせる万能アイテムです。

無地感の小紋は一着は持っていたい！

柄が目立たないタイプの小紋は、小紋の中でも格が高めで、よそゆきとしても着られます。帯を主役にしたコーディネートにも使いやすいので、自分に似合う＆好きな色が見つかったら、即お迎えをおすすめします。

洗練されたコーデのマストアイテムが、ぼかしの帯揚げ。ぼかし部分を出してじゅわっと色味を表現したい。

大人上品にまとめるなら、おすすめは断然「同色コーデ」。あえて差し色は使わず、淡い紫で艶《つや》っぽく仕上げて。

TIPS 54

温もりを感じる織り帯で大人の温泉旅行

小花柄のきものに、異国情緒漂う
織りの名古屋帯を合わせて温泉宿へ。
防寒対策も万全にして
冬の旅行を楽しみましょう。

カジュアル　フォーマル

1	2	3	4	5

美しい光沢の帯揚げをよく見ると、にんじんがお行儀よく整列しているうえに、毛足の長いうさぎの姿も！

着回しやすいアイテムで身軽にきもの旅行

スーツケースの中身をコンパクトにする秘訣はズバリ着回し。無地感の小紋なら大柄の帯とも無地帯とも相性バッチリ。帯は幾何学模様なら、花柄きものと合わせやすく、荷物を減らすことができます。

レトロな雰囲気が大人かわいい別珍のコートと、絞りのきものをリメイクした使いやすいがま口バッグ。帯の黒い線に合わせてどちらも黒を選び、シックにまとめました。どんなきものにも合わせやすいので、旅行にもおすすめです。

織り柄がおもしろい帯に、千鳥格子の平組みの帯締め。白黒のコントラストが帯の柄を際立たせます。

3つの“首”を温めてきものの防寒は完璧！

首元と手首、それから足首を寒さから守ることが、きものの防寒対策の基本です。ロング手袋は冬きものの必須アイテム。首元をあたためるショール、防寒草履や足袋インナーがあれば、寒い季節も快適に過ごせます。

TIPS 55

きものの柄を軍配に見立てて 邪気を払う節分コーデ

小紋に、きものからリメイクした名古屋帯を合わせました。全体を茶色でまとめながら、鮮やかな水色をちりばめた通な装いです。

小紋（正絹・袷）

名古屋帯

カジュアル　フォーマル

1	2	3	4	5

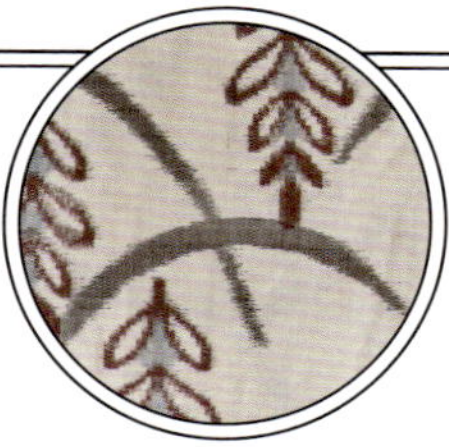

三日月を横に向けたような「芝草《しばくさ》」文様は、野草が元になった柄。このようなデザイン化された文様は通年着られますが、秋の草花と一緒に描かれている場合は、夏に身につけると粋。

きものの柄は軍配のようにも見えるので、邪気に打ち勝ち福を呼ぶ縁起物として節分コーデに取り入れました。

おしゃれな帯は元はきものでした！

この帯は、元々はきものだったもの。縫製が弱くなって着られなくなったため、帯に作り変えました。絣模様が味わい深く、やさしくナチュラルな風合いで、とても合わせやすい帯に生まれ変わりました。

柄×柄コーデのカギは大きさの違い

全体に柄のあるきものと帯を合わせるときは、柄の大きさが重要になってきます。きものの柄が細かい場合は、握り拳大の柄が配された帯を選ぶことで、難易度が高いと思われがちな柄×柄コーデもバッチリです。

●帯揚げ

全体が暗いトーンになってしまうと、顔色も沈んでしまいます。帯揚げをレフ板代わりに、ぱっと明るくお顔を照らしましょう。茶色のぼかしが入っているので、きものと帯に溶け込んで明るい色でも浮きません。

●帯締め

焦茶色がベースの帯締めですが、よーく見てください！　帯揚げに入っているのと同じ浅縹色《あさはなだいろ》がちょこんちょこんと入っています。

おわりに

最後までご覧くださってありがとうございます。

きものと帯の色、文様、そして季節。あらゆる要素に意識を向けながらコーディネートを考えることは、今の時代、効率が悪いのかもしれません。けれど、毎日があわただしく過ぎるなかで、きものを着たり選んだりする時間はかけがえのない歓びです。

自身1冊目の著書『楽しくなるきもの 100のコツ』出版からはや2年。着付けに関する質問だけでなく、コーディネートのご相談があとを絶たないことに気づいてからというもの、「コーデ図鑑を作りたい」という15年前からの夢がどんどん現実味を帯びてきました。

前回同様に想いを尊重してくださったKADOKAWAの大井智水さん、粘り強く完成まで導いてくださった櫻田浩子さん、きものや帯を丁寧に修繕してくださった職人のみなさま、素晴らしい帯揚げ帯締めを選ばせてくださった衿秀さま、暑いなか一生懸命サポートしてくださった現場スタッフのみなさん、そして関わってくださったすべての方々に心から感謝申し上げます。

みなさんお一人おひとり、各分野のプロフェッショナルなお仕事があってはじめてこの本ができ上がりました。あたたかいお気持ちに背くことがないよう、タンスのきものを循環させるために、今後も全身全霊で邁進《まいしん》してまいります。

感謝を込めて。

すなお

きものの種類INDEX

帯の種類INDEX

袋帯

しゃれ袋帯

名古屋帯

半幅帯・兵児帯

きものの文様INDEX

※★印のものは文様解説があります

あ

青紅葉（あおもみじ）…… P.64
★麻の葉（あさのは）…… P.98
稲（いね）…… P.78
うさぎ（うさぎ）…… P.90

か

杜若（かきつばた）…… P.68
★笠松（かさまつ）…… P.46
梶（かじ）…… P.56
★鬘帯（かずらおび）…… P.152
★片輪車（かたわぐるま）…… P.42
★唐草（からくさ）…… P.92
★雁金（かりがね）…… P.56
★菊花紋章（きっかもんしょう）…… P.46
桐（きり）…… P.152
雲（くも）…… P.112
★雲取り（くもどり）…… P.152
★光琳菊（こうりんぎく）…… P.58
★光琳椿（こうりんつばき）…… P.134
★御所解き（ごしょどき）…… P.68
寿（ことぶき）…… P.142

さ

笹（ささ）…… P.64
山茶花（さざんか）…… P.140
★紗綾形（さやがた）…… P.40
冊子（さっし）…… P.152
★更紗（さらさ）…… P.108
鹿（しか）…… P.118
七宝（しっぽう）…… P.124
★芝草（しばくさ）…… P.90、P.160
芍薬（しゃくやく）…… P.52
★正倉院文様（しょうそういんもんよう）…… P.50
松竹梅（しょうちくばい）…… P.42
雀（すずめ）…… P.64
墨流し（すみながし）…… P.110
★扇面取り（せんめんどり）…… P.148

た

大王松（だいおうしょう）…… P.150
★宝尽くし（たからづくし）…… P.116
竜田川（たつたがわ）…… P.122
★立涌（たてわく）…… P.70
★短冊（たんざく）…… P.72
短冊取り（たんざくどり）…… P.122
★蝶（ちょう）…… P.50
辻ヶ花（つじがはな）…… P.38、P.156
★蔦（つた）…… P.122
★鼓（つづみ）…… P.112
椿（つばき）…… P.134
★遠山（とおやま）…… P.56

な

波（なみ）…… P.66、P.120

は

花筏（はないかだ）…… P.116
★バラ（ばら）…… P.70
★檜垣（ひがき）…… P.40
★瓢箪（ひょうたん）…… P.134、P.146
氷割れ（ひわれ）…… P.54
船（ふね）…… P.74
★宝相華（ほうそうげ）…… P.120
牡丹（ぼたん）…… P.74、P.102
★牡丹唐草（ぼたんからくさ）…… P.48

ま

★松皮菱（まつかわびし）…… P.66
★水玉（みずたま）…… P.74
★道長取り（みちながどり）…… P.130
★紅葉（もみじ）…… P.122

や

八橋（やつはし）…… P.68
★破れ蜀江（やぶれしょっこう）…… P.136
★槍梅（やりうめ）…… P.148
雪輪（ゆきわ）…… P.114
★よろけ縞（よろけじま）…… P.130、P.134

わ

★若松（わかまつ）…… P.146
★割り菱（わりびし）…… P.98

この本にご協力くださった職人のみなさん（敬称略）

（★印は「きもの WAKE UP ！」ページにご協力くださった方です）

★山田織維脱色＜色抜き＞

★冨士染工＜引き染め＞

★仲川洋＜シミ抜き＞

★ひふみや（空海子）＜素描き友禅　リクリエイター＞

★株式会社　吉田＜名古屋帯仕立て替え＞

★株式会社　岩佐＜小物製作＞

★中村美穂＜和裁士＞

★兼田佳代子＜和裁士＞

★服部浩也＜ミシン刺繍＞

★森川工房

林博＜素描き職人＞

美依夢＜小物製作＞

有限会社　山本美術（七宝焼帯留め）

鈴木花恵

京洗い四季

大西由記

キットマネキン

＜参考文献＞

『きもの文様図鑑』 長崎巌監修　弓岡勝美編　平凡社

『きものの文様』 藤井健三監修　世界文化社

『カラー版 文様図鑑』木村孝監修　婦人画報社

『着物の文様とその見方』似内惠子　京都古布保存会　誠文堂新光社

『日本の文様解剖図鑑』筧菜奈子　エクスナレッジ

『日本人のしきたり』飯倉晴武監修　青春出版社

『「源氏物語」の色辞典』吉岡幸雄　紫紅社

すなお

厚生労働大臣認定 一級着付け技能士、株式会社きものすなお代表取締役。YouTube「すなおの着物チャンネル」チャンネル登録者 35 万人、Instagram 14 万人。著書に『楽しくなる着付け 100のコツ』(KADOKAWA)『手ほどき七緒 すなおさんの魔法の着つけ』(プレジデント社)。着物サークル「すなおの着物会」会長。第 10 回京都女性起業家賞京都府知事優秀賞受賞。「着物の良さを広めタンスの着物を循環させる」という夢に向かって全力疾走の二児の母。

色《いろ》・文様《もんよう》・季節《きせつ》の意味《いみ》がまるっとわかる
大人《おとな》のきものコーディネート図鑑《ずかん》

2024年9月26日　初版発行

著者／すなお

発行者／山下直久

発行／株式会社KADOKAWA
〒102-8177　東京都千代田区富士見2-13-3
電話 0570-002-301（ナビダイヤル）

印刷所／TOPPANクロレ株式会社
製本所／TOPPANクロレ株式会社

●お問い合わせ
https://www.kadokawa.co.jp/（「お問い合わせ」へお進みください）
※内容によっては、お答えできない場合があります。
※サポートは日本国内のみとさせていただきます。
※Japanese text only

定価はカバーに表示してあります。

ISBN 978-4-04-607077-7　C0077